Fidèle à sa volonté de maintenir vivant l'ensemble du catalogue et de continuer à rendre accessible à tous la richesse de son contenu, Les marques du groupe L'Harmattan proposent les ouvrages, même s'ils sont épuisés dans leur premier tirage, et les impriment à la demande.

Au vu de l'ancienneté de ce titre, un exemplaire original a été numérisé pour être réimprimé, ce qui pourrait altérer légèrement la qualité de certains passages.

Le pouvoir transformateur
du récit de vie

Acteur, auteur et lecteur de sa vie

Collection *Histoire de Vie et Formation*
dirigée par Gaston Pineau
avec la collaboration de :
Pierre Dominicé, Magali Dubs, Guy Jobert,
André Vidricaire et Guy de Villers

Cette collection vise à construire une nouvelle anthropologie de la formation, en s'ouvrant aux productions qui cherchent à articuler "histoire de vie" et "formation". Elle comporte deux volets correspondant aux deux versants, diurne et nocturne, du trajet anthropologique.
Le volet *Formation* s'ouvre aux chercheurs sur la formation s'inspirant des nouvelles anthropologies pour comprendre l'inédit des histoires de vie. Le volet *Histoire de vie*, plus narratif, reflète l'expression directe des acteurs sociaux aux prises avec la vie courante à mettre en forme et en sens.

Titres parus

Volet : *Histoire de vie*
Claire SUGIER, *Haïti terre cassée... Quinze ans dans la campagne haïtienne*, 1996.
Line TOUBIANA, Marie-Christine POINT, *Destins croisés. Elles sont profs, l'une est juive, l'autre est catholique...*, 1996.
Pierre DUFOURMARTELLE, *Globe trotter et citoyen du monde*, 1997.
Auguste BOUVET, *Mémoires d'un ajusteur syndicaliste*, 1997.
Martine LANI-BAYLE, *De femme à femme à travers les générations. Histoire de vie de Caroline Lebon-Bayle 1824-1904*, 1997.
Guy-Joseph FELLER, *Libre enfant de Favières. Territoire de serpents*, 1997.
Malika LEMDANI BELKAÏD, *Normaliennes en Algérie*, 1998.

Volet : *Formation*
Danielle DESMARAIS et Jean-Marc PILON, *Pratiques des histoires de vie. Au carrefour de la formation, de la recherche et de l'intervention*, 1996.
Martine LANI-BAYLE, *L'Histoire de vie généalogique d'Oedipe à Hermès*.
Pascal GALVANI, *Quête de sens et formation*, 1997.
Régis MALET, *L'identité en formation*, 1998.
Gaston PINEAU (coord.), *Accompagnements et histoire de vie*, 1998.
Louise BOURDAGES, Serge LAPOINTE, Jacques RHÉAUME (coordonnateurs), *Le «je» et le «nous» en histoire de vie*, 1998.

Monique Chaput, Paul-André Giguère
et André Vidricaire
coordonnateurs

Le pouvoir transformateur du récit de vie

Acteur, auteur et lecteur de sa vie

Actes du 2ᵉ symposium du
*Réseau québécois pour la pratique
des histoires de vie*

Magog, septembre 1995

L'Harmattan
5-7, rue de l'École Polytechnique
75005 Paris – France

L'Harmattan
55, rue Saint-Jacques
Montréal (Qc) Canada H2Y 1K9

© L'Harmattan, 1999
ISBN : 2-7384-7853-0

Table des matières

Vie 7
    (René Barbier)

Introduction 9
    (Monique Chaput, Paul-André Giguère, André Vidricaire)

Prologue – *D'un jalon à un autre: 1994-1995* 13
    (Serge Lapointe)

Première partie – Expériences de transformation par le récit de vie

Chapitre 1 – *Le pouvoir structurant du récit de vie* 21
    (Jeanne-Marie Rugira)

Chapitre 2 – *En quoi ma vie s'est transformée autour de mon premier récit de vie* 39
    (Robert Rose)

Chapitre 3 – *Le pouvoir des mots sur soi* 49
    (Isabel Rodrigues)

Chapitre 4 – *Le récit de vie: pourquoi et pour quoi?* 59
    (Irène Pineda Ferman)

Chapitre 5 – *Conter, raconter, confier, s'accomplir. Les récits de vie écrits des personnes aînées* 69
    (Jean-Louis Levesque)

Chapitre 6 – *Les autobiographies de Marie Guyart de l'Incarnation au crible de l'interview: conséquences pour l'intervieweuse* 77
(Françoise Deroy-Pineau)

Chapitre 7 – *Résonances d'un univers expérientiel* 93
(Ali Haramein)

Deuxième partie – Éclairages méthodologiques

Chapitre 8 – *Le pouvoir transformateur de l'histoire de vie. Questions et réflexions d'une praticienne* 105
(Monique Chaput)

Chapitre 9 – *À propos de quelques facteurs valorisant le changement en profondeur dans le travail de l'histoire de vie avec des éducateurs* 119
(Jeanne-Marie Gingras)

Chapitre 10 – *Récits de vie en groupe, une histoire complexe* 137
(Jacques Rhéaume)

Chapitre 11 – *Les histoires de vie: les symboles, les mots* 151
(Jean-Louis Levesque)

Troisième partie – Approches théoriques

Chapitre 12 – *Questions d'un néophyte autour du rapport auteur-acteur-lecteur* 161
(Paul-André Giguère)

Chapitre 13 – *Le pouvoir transformateur des récits de vie centrés sur la formation à la lumière des différents rôles tenus dans la construction et l'interprétation des récits* 169
(Christine Josso)

Chapitre 14 – *Du moi acteur au je auteur* 183
(André Vidricaire)

Vie

René Barbier
Professeur
Université Paris VIII

Vie abeille et forteresse
Lumière tombée dans l'oubliette
Chemin de crête vers la fraîcheur
Vie une écorce sur la mer
Ligne brisée mais rapaillée
Vie lanterne rouge
Le sang est ton éclair
La brûlure ton évidence
Ne t'arrête pas
Même la pierre cherche ton nid
Demain est sans pourquoi
Hier est sans avenir
Écris-toi sur le vent et sur la pluie
Parfume le sens de la dernière salve
Il y a toujours un oiseau d'infini
Dans tes mains sales
Il y a toujours un Niagara
Dans une seule de tes larmes
Valse de surprise en surprise et
Laisse la neige se fondre dans l'eau rageuse

Magog (Québec)
octobre 1995

Introduction

Monique Chaput
Paul-André Giguère
André Vidricaire

    Que se passe-t-il donc quand un individu mène à terme son récit de vie? Comment rendre compte des témoignages multiples qui associent changement et transformation à la rédaction de l'histoire de vie? Qu'est-ce qui change? Sûrement pas le passé. Mais alors? Le sujet qui écrit? Mais en quoi? Comment? Et qui est l'artisan du changement? L'individu lui-même sans doute, mais à quel titre, puisqu'il est son propre objet, à la fois sujet narrateur et objet de la narration? Qu'est-ce qui apparaît dans le récit qui n'était déjà là dans la vie? Le pouvoir transformateur du récit lui vient-il de son contenu, de la nature des fragments jugés dignes d'être arrachés aux sables de la mémoire, de la structure narrative dans laquelle ces fragments sont insérés? Ce pouvoir lui viendrait-il plutôt des actes complexes impliqués dans le processus, depuis l'anamnèse jusqu'à la rédaction finale en passant par les multiples recherches documentaires, les ébauches, les versions partagées, l'accueil des échos reçus? Bref, ce qui donne à l'histoire de vie son pouvoir transformateur, est-ce le travail d'écriture qui déclenche un processus de réflexion ou encore la relation qui se développe entre l'auteur du récit et un lecteur privilégié?

D'autres questions peuvent encore être posées sous l'angle de la temporalité. La rédaction de l'autobiographie est un acte du présent dont la matière est le passé. Mais ce passé rendu présent est ressaisi par l'individu à travers ses yeux actuels, ses sensibilités et ses valeurs d'aujourd'hui. S'il y a pouvoir transformateur du récit de vie, relèverait-il de ce que l'acte présent est transformation du passé? Mais alors, le passé est-il encore passé? Que serait l'intérêt de ce qui demeure passé en comparaison de la tranche de passé rendue présente dans le récit? Par ailleurs, l'acte autobiographique modifie le rapport à l'avenir. Voilà encore qui a trait au pouvoir transformateur, puisque l'écriture du récit de vie conduit souvent l'individu à une décision sur ce qu'il (ne) peut (plus) et ce qu'il (ne) veut (plus) être ou devenir. Quel est cet apport de l'acte autobiographique à la libération de l'avenir par le travail actuel sur un passé qui pesait souvent de tout son poids sur l'individu au présent?

Le sous-titre de ce volume pointe vers une autre façon de poser la question du pouvoir transformateur du récit de vie. Puisque, dans l'acte autobiographique, l'individu est son propre objet, ne voit-on pas la même personne occuper des positions différentes dans lesquelles elle joue des rôles différents? Auteur, acteur, lecteur, narrateur, raconteur: l'individu va d'une position à l'autre quand il n'en occupe pas plus d'une simultanément. Comment passe-t-il de l'une à l'autre? Apparemment auteur de son récit, l'individu l'est-il vraiment s'il ne fait que se soumettre aux décisions d'un autre, par exemple dans le cadre d'un cours? Ne serait-il pas alors plutôt simple acteur dans un processus initié par quelqu'un d'autre? Même s'il était véritablement auteur de son texte parce qu'il le serait de sa démarche, cette dernière pourrait lui faire découvrir qu'il a été acteur plutôt qu'auteur de sa vie. Il peut arriver alors que naisse en lui le désir impérieux de modifier ce rapport à son existence et d'en devenir vraiment l'auteur. Mais quelles lecture et relecture dessillent ainsi les yeux? Qu'est-ce qu'on lit autrement une fois qu'on a appris à lire par l'acte d'écrire? Quelle est la place de l'acteur-sujet dans l'approche biographique? Comment un acteur social qui écrit son histoire de vie peut-il découvrir et comprendre qu'il est bien l'auteur du sens (raison, buts) qu'il donne à sa vie? Et comment contribuer à construire un nouveau paradigme accessible à tout acteur social pour devenir auteur?

Sans être formulées en ces termes ni d'une manière aussi claire, ces questions ont continuellement affleuré durant les trois jours du deuxième symposium du Réseau québécois pour la pratique des histoire de vie qui s'est tenu à Magog du 28 au 30 septembre 1995 et auquel les textes qui suivent font écho. Ils viennent de chercheurs, de professeurs, d'étudiants des cycles supérieurs et d'intervenants dans différents domaines et différents contextes institutionnels. Ceux qui en sont à leurs premiers contacts avec l'approche biographique côtoient les vieux routiers, comme il convient à la dynamique d'un réseau. Il s'agit là d'une logique de production de savoir, différente de la dynamique des congrès classiques, où il revient aux experts de stimuler et d'enrichir la réflexion de tous.

L'exposé inaugural de Serge Lapointe est destiné à faire le pont avec le premier symposium[1], posé comme un jalon dans une expérience à prolonger et enrichir. On peut par là mieux sentir comment le thème général de cet ouvrage a pris racine et a mûri. Suit une première partie constituée essentiellement de témoignages personnels du pouvoir transformateur du récit de vie sur ceux et celles qui le pratiquent. Ce peut être le pouvoir transformateur du récit de vie pour la personne qui surmonte une profonde crise existentielle (Jeanne-Marie Rugira), ou pour celle qui redécouvre son potentiel créateur (Robert Rose) ou celle qui identifie et élimine des blocages professionnels (Isabel Rodrigues). Ce peut être la transformation que l'on facilite chez l'autre à titre d'intervenant, comme le décrivent tour à tour Irène Pineda-Ferman à propos de groupes de femmes et Jean-Louis Levesque et Marie-Sybille Coppée-Aboussouan à propos de personnes âgées. Ce peut être encore la transformation que la pratique autobiographique induit chez soi comme chercheur, comme en témoigne Françoise Deroy-Pineau. Ali Haramein clôt cette première partie en reliant les changements d'ordre à la fois personnel, professionnel et épistémologique à une expérience de crise existentielle et à une démarche d'intégration y succédant. Ce faisant, il réfléchit à la tension entre le *je personnel* et le *nous collectif*.

Si la démarche autobiographique induit les résultats décrits dans la première partie, elle gagne cependant à être bien encadrée. Un récit qui demeurerait sur le strict plan anecdotique aurait peu de chances de générer les effets de transformation dont il est question ici. Aussi bien les textes réunis dans la deuxième partie traitent-ils, sous des angles différents, de structuration des processus de réflexion et d'écriture. Sans jamais quitter le terrain de l'expérience, Monique Chaput présente une succession de neuf étapes-passages au cours desquelles l'individu se déplace sur plusieurs positions où il multiplie les angles de sensibilité à sa propre existence comme à son propre texte. De son côté, Jeanne-Marie Gingras articule sa réflexion autour de sa pratique de formatrice en contexte universitaire, s'arrêtant aux facteurs qui permettent de comprendre l'impact du travail de l'histoire de vie sur ceux qui acceptent de relever le défi qu'il présente, alors que Jacques Rhéaume nous présente la méthode des récits de vie en groupe du type «roman familial et trajectoires sociales» et en dégage les forces et les limites. Cette partie se termine par un retour de Jean-Louis Levesque sur une activité de nature projective vécue au Symposium de 1995, où il fait percevoir qu'une activité de nature non littéraire est, elle aussi, susceptible de produire des changements, du moins dans l'ordre des prises de conscience et de la confrontation de sensibilités et d'options variées.

Les trois textes qui forment la dernière partie de cet ouvrage développent des aspects théoriques liés à la thématique générale. Si Paul-André Giguère formule, autour des trois positions «auteur – acteur – lecteur» ses questions de néophyte, Christine Josso réfléchit sur la circulation entre ces trois rôles et l'émergence d'une transformation. L'ensemble du volume se termine par une étude philosophique d'André Vidricaire sur la lente et difficile constitution du je – sujet – auteur.

Sans pouvoir contribuer à l'édition de cet ouvrage, Jeanne-Marie Gingras a participé à toutes les étapes de l'élaboration et du déroulement du Symposium. Nous tenons à l'en remercier. Il convient en outre de reconnaître ici que ce dernier n'aurait pu se tenir sans une subvention du Conseil de recherche en sciences humaines du Canada, et que la publication de ce volume aurait été impossible sans le soutien financier du Fonds de recherche institutionnelle de l'Université du Québec à Montréal. Merci à Vincent Levesque pour la qualité de son travail dans la préparation informatique du manuscrit. Nos remerciements vont également à Andrée Derome qui a collaboré la révision linguistique des textes et à Gina Fattore qui tout repris dans le fin détail et tout mis en forme grâce à sa patience et à son immense compétence en graphisme d'édition. Elle a fait en sorte que puisse enfin voir le jour ce livre dont l'une des caractéristiques d'origine aura été la «lente gestation». Nous espérons que cette particularité ne soit que le présage d'une longue vie.

Note

1. Desmarais, D. et J.-M. Pilon (1996). *Pratiques des histoires de vie – Au carrefour de la formation, de la recherche et de l'intervention.* Paris-Montréal: L'Harmattan.

Prologue
D'un jalon à un autre: 1994-1995

Serge Lapointe
Professeur, Département des sciences humaines
Université du Québec à Rimouski

Me remémorer le symposium de l'an passé me place à plus d'un égard et d'une étrange façon dans la même situation que lorsque je m'apprête à écrire quelque chose de ma vie sous le titre large de récit de vie. Que s'est-il passé? De quoi est-ce que je me rappelle? Comment cela se fait-il que ce soit précisément de cela dont je me souvienne? Ce dont je me rappelle s'est-il réellement passé? Je vais tenter d'être assez précis pour que cela fasse du sens auprès de ceux qui n'étaient pas là et j'invite ceux qui y étaient à revoir leur propre symposium en sachant qu'il se peut que ce ne soit pas tout à fait le même que moi.

Notre présence à elle seule marque la continuité entre le symposium de septembre 1994 et celui de cette année. La continuité entre les deux événements pour moi est bien là, dans le fait que nous nous retrouvons avec nos histoires pour nous parler de ces histoires. Et puis l'intention de ces retrouvailles était déjà inscrite dans le désir des deux instigateurs du projet, Danielle Desmarais et mon collègue de l'UQAR, Jean-Marc Pilon, qui ont su partager avec le groupe de l'an passé le souhait que nous formions un réseau. Un réseau québécois dont les cercles concentriques iraient rejoindre les ondes d'autres réseaux. Je parle de cercle parce qu'il me semble que ce réseau-là sera plus circulaire que linéaire. Cette intention de former un réseau québécois rassembleur des personnes intéressées par le travail sur les histoires de vie en recherche, en formation et en intervention était donc inscrite dans ce premier symposium tout comme la rencontre avec des membres du réseau européen. Sur ce point d'un réseau ouvert sur les autres, j'observe une autre continuité cette année quand j'ai le plaisir de voir dans la salle nos amis européens.

Le premier souvenir qui émerge quand je me rappelle notre symposium de l'an passé est tout à fait précis, comme cela arrive aussi dans nos récits de vie. C'est la troisième journée, quelque part au milieu de l'avant-midi et c'est le moment d'amorcer la synthèse. Les organisateurs ont demandé à des participants, un peu comme des déclencheurs, de communiquer leur propre synthèse. La salle est inondée de lumière et elle ouvre sur les paysages d'automne de la région. Gaston Pineau, de l'Université François Rabelais à Tours, un des pionniers de l'approche biographique, s'amène donc, nous regarde, regarde dehors, et commence sa synthèse en utilisant la métaphore du paysage d'automne pour décrire le symposium. Je me rappelle que j'étais particulièrement curieux de voir par quel bout il prendrait tout ça, parce que ce n'était pas si simple: faire la synthèse d'une activité qui s'était déroulée autant dans les petites équipes qu'en grand groupe et dont les conférences, plénières, témoignages avaient chacun leur saveur bien marquée. Si j'ai retenu l'image, c'est sans doute parce qu'elle rejoignait le foisonnement, la diversité, la richesse et aussi la beauté enregistrées dans ma propre expérience. Et après un an, c'est ce qui me reste et aussi ce qui me ramène. Je sais bien que les automnes ne sont jamais les mêmes et je ne m'attends pas à ce que le symposium de cette année répète celui de l'an passé. Mais en quelque part, je viens ailleurs que l'an passé pour participer au paysage de la même saison.

Ce que j'ai le plus aimé dans ce symposium sur les récits de vie, c'est la vie. J'ai commencé à explorer un nouveau territoire dont je connaissais théoriquement l'existence mais que je n'avais pas vraiment fréquenté. Mon engouement qui avait des allures de coup de foudre m'a fait peur aussi. Parce que le propre du coup de foudre c'est de passer. Ce qui a pris forme en moi à mesure que notre rencontre progressait, c'est l'idée que j'étais peut-être en train de débarquer sur un terrain qui me permettrait de concilier mes intérêts d'être humain pour la vie et les exigences de mes rôles sociaux de formateur et de chercheur dans une université où il n'est pas rare qu'une certaine forme de rigueur doive faire le sacrifice de la ferveur. J'ai aimé comment les discours entendus s'articulaient sur la vie de ceux qui les prononçaient et sur leur expérience. Et sans doute à cause de cette référence à la vie, je me suis autorisé moi aussi à être plus ouvert et plus vulnérable, contrairement à plusieurs réunions du genre où tout se passe dans la tête. Bref, tout à fait sur le dessus de la pile comme souvenir, je retiens la lumière et la vibration d'un climat.

Je voudrais maintenant être plus spécifique et rappeler les principales articulations de ces trois jours. Pour ce faire, je me suis aidé du programme et du texte des conférences prononcées[1]. En revenant au programme, je découvre que le titre exact du symposium était le suivant: *L'approche biographique au carrefour de la formation des adultes, de la recherche et de l'intervention.* Cette idée de carrefour est importante. Un carrefour c'est un lieu de rencontre et l'approche biographique m'a semblé justement permettre des rencontres fructueuses entre trois grands domaines habituellement clivés.

Le premier avant-midi a porté carrément sur l'utilisation de l'approche biographique en recherche-formation. Trois professeurs, trois programmes. Le certificat de premier cycle en pratiques psychosociales de l'UQAR avec Jean-Marc Pilon, la maîtrise en intervention sociale de l'UQAM avec Danielle Desmarais et les dix ans de pratique dans les DUEPS de Tours avec Gaston Pineau. Le lendemain, Guy de Villers nous présentait ses pratiques concrètes dans le contexte de la *licence en politiques et pratiques de formation* de la F.O.P.A. à Louvain-la-Neuve.

Ce même deuxième jour, nous avons rencontré trois étudiantes qui avaient utilisé l'approche biographique dans leur formation académique à la maîtrise ou au doctorat. Leur témoignage fut pour moi un temps fort de ces trois jours. Je retiens de ces trois témoignages comment la méthode utilisée dans leur recherche, en l'occurrence leur propre récit de vie, avait exercé une transformation sur leur propre vie. Et de cela, je pense qu'il sera abondamment question sous peu. N'est-ce pas Marie-Mobile ou Marie-Fertile? Je fais ici allusion à l'expérience que Marie-Sybille Coppée nous a communiquée et qui était bien contenue dans ce double nom. Catherine Lanaris nommait comment son travail l'avait reconnectée à son pouvoir comme actrice sociale. Ginette Verlain a identifié l'impact thérapeutique de son récit dans le champ de la croissance personnelle, de la créativité, de la recherche de sens et même de la guérison. Je ne manquai pas d'être étonné du fait que, dans d'autres discussions, il semblait y avoir une réserve et même une gêne à associer des effets thérapeutiques aux récits de vie et le mot *dérive* est revenu à plus d'une reprise pour qualifier ce danger. Personnellement, je ne saurais pas encore marquer les frontières de la dérive parce que cela m'apparaît comme l'un des impacts souhaitables de l'utilisation du récit de vie, sans ignorer cependant le fossé qui sépare la thérapie et le récit de vie.

Les conférenciers dont la communication traitait spécifiquement de l'approche biographique en *recherche-formation* ont décrit la méthodologie d'utilisation du récit de vie ou de pratiques dans ce contexte. Ils ont apporté des distinctions importantes entre le récit de vie, la biographie, l'histoire de vie, le récit de pratique et l'autobiographie. Ils ont surtout cerné les nombreux enjeux dans lesquels le formateur s'insère du moment qu'il utilise cette approche: des enjeux institutionnels autour de l'évaluation et des contraintes des organisations sur les processus d'apprentissage, des enjeux liés au pouvoir entre le formateur et l'apprenant dans la relation d'apprentissage. Les enjeux d'ordre éthique ont été nommés à plusieurs reprises et particulièrement explicités par Ernst Jouthe pour qui l'éthique est ici à *construire autour d'un processus de compréhension modificatrice du monde social, qui mobilise l'ensemble des capacités affectives des sujets-intervenants sociaux.*

L'approche biographique ouvre sur une confrontation tout à fait stimulante entre le savoir académique et le savoir d'expérience. Comment expliciter ces connaissances issues de l'expérience et par quel processus de théorisation? La question a été posée et des exemples nous furent donnés dans des réflexions sur les enjeux épistémologiques.

Puisque je m'intéressais à la vie, j'ai noté la définition qu'en donnait Guy de Villers. La vie dont il est question dans *récit de vie* n'est pas le parcours biologique d'un individu mais celle à laquelle nous pouvons avoir accès dans les filets du langage. Il y a une *discontinuité incontournable* entre notre flux vital et la structure du discours dans laquelle elle se présente à soi-même et à l'autre. Et c'est ainsi que nous retrouvons le récit comme l'*acte d'un sujet qui configure son vécu.* Et voilà toute l'importance du récit mise en évidence dans le récit de vie.

Au cours de l'après-midi de notre première journée, nous avons aussi voyagé sur une autre artère, qui part et nous ramène au carrefour de l'approche biographique, soit celle de la *recherche-intervention*. André Vidricaire a retracé son expérience d'intervenant et de chercheur dans le milieu populaire urbain. Hugues Dionne nous a amenés dans un milieu rural, à Saint-Clément, où le récit a commencé par celui d'une lutte entre la population et la Société des Postes du Canada. De conflit, le récit s'est élargi à l'histoire des acteurs solidaires dans un même projet de protection d'un héritage. Dans ces deux milieux, l'urbain et le rural, l'approche biographique a servi de médium à l'intervention et à la recherche. Les propos des deux conférenciers se faisaient assez écho pour qu'il me reste des traces des questions soulevées sur l'écriture collective comme lieu de mémoire et de conscience, sur l'identité quand l'acteur social diffère de l'auteur-sujet et sur le territoire (espace géographique comme à Saint-Clément ou espace-usine comme à la MacDonald Tobacco) comme lieu du père et repère dans l'identité des collectivités.

Ai-je bien compris que dans le carrefour où nous nous tenons, la recherche, l'intervention et la formation gardent leur spécificité mais se rejoignent par plus d'un trait d'union? À la différence du trait d'union qui ne prêche pas par l'exemple, je me rappelle que fut souvent évoqué au cours du symposium, l'importance pour le formateur, le chercheur ou l'intervenant en histoire de vie d'avoir fait ses propres devoirs et que les parcours en lignes brisées et signées de rupture méritent d'être favorisés. Dans sa conférence au matin du dernier jour, Pierre Dominicé de l'Université de Genève a traité de la question de la formation des formateurs d'adultes pour pratiquer l'histoire de vie. Pour lui, *la qualification n'a pas à attendre le nombre des années, mais à respecter un rapport au savoir caractérisé par l'appropriation des connaissances et l'élargissement de la formation à la pluralité des expériences formatrices.*

Les objectifs du symposium annonçaient la possibilité de *cerner les caractéristiques des différentes pratiques (liées à l'approche biographique) afin d'en dégager une perspective critique tant au niveau épistémologique que dans ses possibilités et limites d'application concrète.* La dernière conférence, celle de Mathias Finger, poursuivait d'une manière toute spéciale la réalisation de cet objectif en soulevant la question des fondements de l'approche biographique quand les conjonctures culturelles et politiques dans lesquelles elle est apparue sont disparues. Après avoir exploré des fondements envisageables comme ceux de l'interactionisme symbolique et du pragmatisme américain, Mathias Finger concluait qu'ils conduisaient tous les deux l'approche biographique dans une impasse. Pour lui, de nouveaux fondements sont à élaborer. Mais les fondements de quelle approche biographique? Je cite ici Mathias Finger. Les fondements de l'approche biographique qui *lie recherche et formation, connecte théorie et pratique, donne une voix au sujet, reconnaît la subjectivité et est engagée socialement.*

Je termine en remerciant les organisateurs de ce deuxième symposium 1995. Je ne doute pas un instant qu'ils vont cueillir dans les prochains jours le résultat du soin qu'ils ont mis à préparer notre rencontre. Je nous souhaite non seulement la continuité avec le symposium de 1994, mais le merveilleux d'un événement nouveau, ressourçant et fécond.

Note

1. Les textes de ces conférences ont été publiés sous le titre : Desmarais, D. et J.-M. Pilon (1996). *Pratiques des histoires de vie – Au carrefour de la formation, de la recherche et de l'intervention.* Paris/Montréal : L'Harmattan.

Première partie

Expériences de transformation par le récit de vie

Le pouvoir structurant du récit de vie

JEANNE-MARIE RUGIRA
Étudiante, Département des sciences de l'éducation
Université du Québec à Rimouski

Prologue

Il fait beau dehors. Un bel automne, doux, lumineux et multicolore embellit les beaux paysages d'ici. Tandis que moi, je reste obnubilée par mes multiples deuils encore mal assumés, prises dans mes paradigmes de perte, je m'en prends au temps, aussi bien à celui qui passe qu'à celui qu'il fait. J'ai besoin d'un exutoire. Ainsi, incapable d'apprécier la beauté de ses couleurs, je reproche à l'automne son empressement, lui qui, comme un voleur, s'est introduit sur la pointe des pieds pour venir me dérober cette chaleur et ces après-midi ensoleillés dont je ne me lasse jamais.

En vue de dompter ces humeurs aussi misérabilistes qu'angoissantes, je retourne à mes lectures et à mon écriture. En effet, voilà déjà une année que j'ai découvert l'approche biographique, par l'entremise du premier symposium du *Réseau québécois pour la pratique des histoires de vie*. Depuis, j'essaye de mettre en ordre les péripéties qui jonchent mon parcours biographique sous des aspects éclatés, fragmentés, discordants et de plus en plus imprévisibles, et ce, dans un souci de les rendre cohérents et de leurs donner du sens.

C'est dans un tel décor que je m'apprête à participer au deuxième symposium du *Réseau québécois pour la pratique des histoires de vie*. Les organisateurs de ce symposium m'invitent alors à faire une communication qui tentera de témoigner de ma réflexion et de mon expérience à propos du thème de l'année, à savoir: *Le pouvoir transformateur du récit de vie dans nos histoires de vie*. Pour répondre à cette demande, il m'est apparu opportun de revisiter mon parcours biographique, afin de mieux apprécier les enjeux et les circonstances de ma rencontre avec l'approche des histoires de vies. Je voudrais ensuite scruter le cheminement qui fut le mien depuis que je me suis mise à l'écriture de mon propre récit de vie dans le but de reconstruire le cours de ma vie. Je pourrais ainsi me prononcer de l'intérieur sur les véritables impacts et enjeux de ce genre de travail sur ma vie et mon devenir.

De la genèse

> *Le véritable lieu de naissance est celui où l'on a porté pour la première fois un coup d'œil intelligent sur soi-même.*
> Marguerite Yourcenar

Depuis que je suis toute petite, j'ai toujours été très sensible à la souffrance des gens qui m'entourent. Née dans le tiers-monde (au Rwanda), je n'ai pas manqué d'occasions de côtoyer ce que l'Occident appelle, encore aujourd'hui, «la misère tiers-mondiste». Cependant, j'estime avoir connu une enfance plutôt douillette. À moins que ce ne soit dû à l'ignorance de ce qui manquait à ma société et à ma condition, je n'ai connu ni envie ni regret et jamais je ne me suis sentie misérable.

Du plus loin que je me souviens, un petit copain que j'avais à l'âge de huit ans représente, pour moi, le premier contact avec la souffrance humaine. Fils du plus proche de nos voisins, cet enfant était tout le temps malade. Pauvre petit! Il inspirait la pitié, non seulement parce qu'il souffrait, mais aussi parce qu'il était là, à nous regarder jouer avec envie, prisonnier de son petit corps faible et meurtri. À dix ans, alors que j'étais en cinquième année du primaire, mon petit copain était de nouveau malade, il était même hospitalisé. Quand j'ai demandé à sa mère ce qu'il avait, elle m'apprit qu'il souffrait du kwashiorkor (syndrome de malnutrition extrême dû à une carence protéinique, observé chez certains enfants du tiers-monde). Au même moment, j'apprenais à l'école les groupes d'aliments, le rôle des différents éléments nutritifs dans notre organisme, ainsi que certaines maladies carentielles. Ces informations, d'habitude abstraites, venaient de prendre corps en la personne de mon petit copain. Je venais de réaliser que ces souffrances, qui l'empêchaient de jouer avec nous, étaient tout simplement dues à un manque de protéines. Or, même si ses parents n'étaient pas riches, ils avaient une vache et deux chèvres laitières, quatre poules pondeuses et une terre qui leur donnait des produits vivriers dont la famille avait besoin. Le drame de mon ami résidait dans le fait que ses parents ignoraient tout des effets du lait, de la viande et des œufs dans l'organisme humain. Ainsi, ils choisissaient justement de vendre ces produits pour avoir de l'argent qui leur permettait de subvenir à leurs autres besoins. Notamment, à couvrir les frais médicaux pour leurs enfants constamment malades. Comme un éclair, une lumière se fit dans ma tête: *mon ami souffrait de l'ignorance.*

Cette histoire a eu un impact remarquable sur mon rapport à l'école, ce lieu où je venais de recevoir cette information qui semblait rare. Cela justifiait à mes yeux la réputation de cette institution quasi magique qui était sensée nous permettre de nous en sortir.

Jusque-là, je ne comprenais pas encore de quoi il fallait sortir. Il m'apparut alors clair qu'il s'agissait de se libérer des ténèbres de l'ignorance qui ont le pouvoir de nous rendre malade, de nous empêcher de jouer, nous fermant ainsi la porte du bonheur. Je viens donc d'entrer dans l'univers platonicien, qui suppose comme nous le rappelle Daignault (1985: 67), que «si le mal advient chez les hommes, c'est à cause de leur ignorance.» Forte de cette découverte, je fais le pari de persévérer à l'école, pour tenter de vaincre ma propre ignorance et ses conséquences. Mais aussi, pour lutter contre celle qui sévit chez les autres et ainsi lutter contre la souffrance humaine.

Mon plaisir de jouer, qui s'est vite imposé comme besoin, vient de croiser plus grand que lui, *un désir* de soulager la souffrance de ceux qui m'entourent. Devant ce désir, mon besoin s'inclina et céda sa primauté. Pour la première fois de ma vie, je viens de mettre le doigt sur ce que j'aimerais faire une fois grande. Entendons-nous bien, je suis ici très loin de la notion de carrière, je veux seulement apprendre pour pouvoir faire plus tard quelque chose que j'aime: *lutter contre la souffrance en luttant contre l'ignorance.* Je viens peut-être, à mon insu, de me découvrir une vocation. Un long chemin qui mène je ne sais où, mais qui me conduira, à l'aube de mon adolescence, à choisir la profession d'enseignante.

La conviction profonde que l'éducation constitue, d'une part, la meilleure voie de libération à l'égard de la servitude qu'exerce sur nous l'ignorance et, d'autre part, un moyen privilégié d'accéder au bonheur est à la base de mon engagement sur cette voie difficile bien que très stimulante. Des besoins multiples, auxquels je suis confrontée dans le milieu qui est le mien, m'inciteront à changer de secteurs d'activités, deux fois plutôt qu'une, même si je restais dans le domaine de l'éducation. Du banc de l'école, je vais me diriger successivement vers l'enseignement primaire, le retour aux études, l'éducation non formelle, la formation des maîtres, le perfectionnement des enseignants, pour finir par retourner une fois de plus aux études. Ce déplacement de pôle d'action, qui pourrait être perçu comme une instabilité, était principalement dû à une frustration toujours grandissante devant l'inefficacité ou la lenteur désespérante de nos efforts pourtant énormes à trouver des solutions rapides et globales à des questions qui étaient posées à notre temps dans notre milieu.

Au début de cette dernière décennie du XXe siècle, plusieurs pays du monde et organisations non gouvernementales décidèrent de se mobiliser pour trouver des moyens d'assurer à tout un chacun son droit fondamental à l'éducation.

En effet, il est alarmant de constater à quel point, dans plusieurs pays, ceux qui restent exclus des systèmes éducatifs se comptent encore par millions. C'est cette réalité qui provoqua la tenue de la Conférence mondiale sur l'éducation pour tous, en Thaïlande, en mars 1990. Cette conférence a donné lieu à la Déclaration mondiale sur l'éducation pour tous et du cadre d'action pour répondre aux besoins éducatifs fondamentaux. Le Rwanda, à l'instar de plusieurs autres pays, décidait d'adhérer à cette Déclaration et s'engageait une fois de plus à faire de l'éducation de son peuple une priorité au cours de la présente décennie. Dans la foulée de ce mouvement national et international, je m'engageais en 1993 dans une recherche doctorale visant à soutenir mon pays dans son effort de relever ce défi d'éducation pour tous.

Toujours hantée par la même préoccupation, le même désir de soulager la souffrance autour de moi et, au mieux, de la supprimer, je pose à la souffrance humaine les questions de mon époque. Fidèle à une manière qui a consolidé sa crédibilité avec le triomphe de la culture technologique, scientifique et des superstructures économiques, je me cantonne dans un certain scientisme libéral qui veut imposer un nouveau catéchisme universel, si je me permets les brillantes expressions d'Alain Finkielkrault (1984: 88). Un catéchisme universel qui veut figer la raison humaine en vérité révélée. Or, comme la raison n'a pas réussi à éviter de buter contre ses propres limites, ses défenseurs ont voulu réduire les désirs de l'humain et les échanger contre des besoins qu'on est en mesure de satisfaire dans des délais prévisibles et raisonnables. Désormais, il est interdit de rêver, le rôle de l'homme consistera à consacrer ses énergies à la recherche des moyens de réalisation des possibles, comme le stipule très justement Jacques Daignault (1985: 72). Étant donné que la science a connu un progrès rapide et spectaculaire dans ses tentatives de remédier à certaines situations sociales qui, depuis longtemps, faisaient de l'humain, un être dégradé, asservi, abandonné ou méprisable, nos contemporains ont consenti à limiter leur parler au langage scientifique dans plusieurs domaines. C'est ainsi que, d'après Dorothée Sölle (1992), en matière de souffrances humaines, l'analyse économique, psychologique et sociologique a réussi à remplacer presque complètement toutes les formes de langages d'autrefois comme, par exemple, le langage théologique, philosophique et symbolique. Ainsi, les seules questions que les temps modernes posent à la souffrance humaine sont supposément celles qui sont scientifiquement acceptables. Comme celles-ci:

- Quelles sont les causes qui provoquent la souffrance?
- Comment peut-on les abolir?
- Comment peut-on en supprimer les conditions?

Même si ces questions sont pertinentes, ne se limiter qu'à elles témoigne d'un réductionnisme inquiétant qui tend à oublier que la science ne nous aide pas vraiment à penser la mort, le sanglot des enfants, la guerre, l'injustice et la souffrance, comme nous le dit si bien Michel Serres (1991). Un tel réductionnisme s'appuie sur une logique qui prétend qu'il n'y a de connaissance que dans la science et qu'il n'y a de science que là où il y a la mesure.

Cette manière d'aborder la question de la souffrance humaine a produit chez la plupart de nos contemporains une tendance à oublier que toutes les souffrances ne peuvent être abolies. Cette tendance s'exprime par un rêve de non-souffrance, par une conviction que toute souffrance doit nous être épargnée et nous enferme dans un aveuglement où domine un optimisme banal, selon lequel il est bien entendu que l'on ne souffre pas. Si on souffre, ce n'est pas normal ou, du moins, c'est une affaire privée qui ne regarde que celui qui souffre.

Sur le chemin de l'absurde

> *Nous ne possédons rien au monde — car le hasard peut tout nous ôter — Sinon le pouvoir de dire je.*[...]
>
> Simone Weil

C'est avec l'héritage précédemment décrit et surtout dans un tel contexte que je me suis trouvée confortablement installée pour travailler à «la question de l'éducation pour tous». Une question qui constituait à mes yeux un phénomène social d'exclusion et, par conséquent, une des conditions dans lesquelles les êtres humains (pas n'importe lesquels, mes compatriotes, mes frères, mes sœurs) étaient exposés à des souffrances absurdes. Inspirée par une sorte de socialisme philanthropique, fière de mon altruisme, je voulais lutter au nom de ceux qui souffrent, mais pas nécessairement à côté d'eux. Jusque-là, ma manière d'être, face à la souffrance humaine, consistait à rêver, penser, et déclarer qu'on allait l'abolir, tout en travaillant à raffiner les moyens qui serviraient cette abolition. Je suis donc occupée par ce travail, lorsque le Rwanda sombre dans une guerre fratricide telle que l'humanité n'en a probablement jamais connue.

Subitement, tout bascule. Impuissante, j'assiste de loin et en même temps d'assez près à l'effondrement de tout mon univers. Un écroulement de toutes mes sécurités, de mes références, de mes rêves et de mes projets. Un total anéantissement de toutes mes attaches, de mon identité et de mon rapport au monde. Je fais l'expérience de la déshumanisation. Je dirai, comme Primo Levi: «Je touche le fond.» Je suis dans un état innommable, un état qu'on ne peut qu'éprouver. Profondément atteinte, je me sens éclatée et dispersée en mille morceaux, tels les tessons d'une bouteille brisée. Je me sens démunie, affreusement désorientée. Je me sens seule, affreusement seule. Jamais je n'aurais pu m'imaginer qu'il faille si peu de temps pour tout volatiliser. Tout s'est évaporé. Dans cet espace inhabitable dans lequel je me tiens, j'expérimente l'absurde. J'ai cette affreuse sensation, cette terrible obsession d'être perdue et d'avoir tout perdu. Absolument tout: pays et toit, parents et amis, mari et enfants. Je n'ai plus d'histoire, plus d'identité, plus de dignité. Je me sens dépossédée de tout pouvoir. Je ne peux ni enterrer ceux que j'ai aimés, ni m'entourer de leurs photos pour les contempler avec amour, afin de faire mes deuils. Mais, je suis en vie! Ô, comble de misère! Je reste en vie pour reconnaître comme tel ce que je ne crois pas possible. Je respire encore, même si je ne sais plus quoi faire de cette chienne de vie. Au bord de ce précipice, je suis hantée par la question de mon devenir. Mon destin serait-il voué, par hasard, à la traîtrise? En plus de ne pas avoir su rester solidaire des miens qui sont partis, quitte à en mourir, vais-je me trahir moi-même en sombrant dans le désespoir? Pourrais-je vivre pour rien, pour personne? Vivre une vie de rien et aimer ce rien? Finirais-je par me trouver quoi faire, qui aimer et pourquoi vivre? Ou je devrai me contenter de vivre pour l'amour de ceux qui sont morts, au risque de vivre pour un projet de vengeance?

Je suis dans les eaux troubles et je suis au bord de me noyer. Il me semble que rien ni personne ne pourra me survivre, ni les enfants de ma chair, ni mon enfant spirituel, ce «je» qui n'est pas encore totalement réduit à la mutité ou à l'aveuglement et qui se bat désespérément pour sa survie. «Je» est confronté à l'angoissante question de savoir si, dans de pareilles circonstances, sa vie pourra encore avoir un sens, si l'horreur et la mort qui l'entourent peuvent avoir un sens. S'ils n'en ont pas, alors à quoi bon vivre? Mais aussi, à quoi bon mourir?

Du fond de cette crise existentielle dans laquelle je suis plongée, rien de ce que j'ai déjà appris ne semble être capable de m'aider à affronter ce quotidien qui est devenu mien. Je manque d'expérience, je manque de jugement, je ne me comprends plus, je ne comprends d'ailleurs plus rien. Alors, je tente de fuir dans l'oubli, de me raccrocher à quelque chose, de me sauver dans mon projet de recherche. «Je voudrais scolariser tous les petits Rwandais!» Là aussi, je frappe un mur; une série de questions se posent à mon esprit et je meurs de ne pas pouvoir y répondre.

Je mentionnerai quelques-unes d'entre elles:

- Scolariser qui? Pour quelle raison?
- Quel est le genre d'éducation que je souhaite à mon peuple (mes frères, mes sœurs)?
- À quoi ma culture, ma formation, même le sens commun, me servent-ils aujourd'hui?
- Quels seraient le sens et le rôle de l'éducation dans un contexte:
- Où tout un peuple est constitué de rescapés d'une grande catastrophe meurtrière?
- Où tout le monde a vu ses amis tuer ses amis?
- Où chacun est passé probablement du rôle de victime à celui de coupable ou l'inverse?

- Où les adultes doivent s'occuper des enfants de ceux qui ont tué les leurs avant de mourir à leur tour?
- Où les nuits sont toujours hantées par les plus terribles cauchemars?
- Où chacun a tout perdu, y compris le courage de se regarder dans un miroir?
- Qui sera cet héroïque éducateur qui se chargera de cette éducation, pour nous aider à nous récupérer, nous apprendre à assumer notre angoisse, notre souffrance, notre indignation, notre honte?
– Qui nous aidera à guérir nos blessures?
– Qui nous délivrera de cette obsession de la recherche d'un bouc émissaire, de cette soif de vengeance et de cette tentation d'en finir avec la vie?
– Qui nous aidera à conquérir notre sérénité?
– Qui va nous apprendre à apprendre de notre histoire, de notre vécu, et à changer?
– Qui, Seigneur, pourra nous apprendre à éduquer, à transmettre le pouvoir d'être humain?

Sur le chemin de ma fuite, je me retrouve nez à nez avec mon dilemme. Je toise l'absurde ou plutôt il me toise et j'étouffe. J'étouffe sous le poids de l'immensité de mon angoisse et du non-sens qui me hante et sur lequel je suis perchée. Perchée dis-je? Oui, perchée sur une ligne de crête au milieu de nulle part à un certain point d'intersection entre le suicide et le meurtre, entre la psychose et l'autisme. Un trouble vertigineux quasi insoutenable m'étouffe. J'étouffe, mais je veux vivre. Je veux vivre, même si je ne suis plus certaine que la vie vaut mieux que la mort, même si je manque de raisons de vivre. Ne sachant plus à quel diable me vouer, puisque les dieux ont déserté depuis longtemps mon univers, je me tourne vers les écrivains, ces chers poètes que Platon voulait chasser de la cité.

J'espère qu'ils pourront m'aider à accomplir le travail de deuil que nécessite la prise de conscience de l'horreur qui vient de se passer. Je vais donc solliciter les rescapés de l'histoire pour qu'ils m'inspirent des manières d'affronter le désastre. Même si elle n'est pas identique, ma situation pourrait être analogue à celle qu'aurait connue une autre personne. Pourquoi ne pourrais-je pas me laisser instruire par son comportement pour orienter ma démarche de quête de sens? Ainsi, je vais à la rencontre d'un certain nombre d'auteurs: de Martin Gray à Dostoïevski, en passant par Simone Weil, Erich Fromm, Primo Levi, Emmanuel Levinas, Alain Frinkielkrault, Michel Serres, Viktor Frankl, Denis Vasse, Dorothée Sölle, Jörge Semprun, Rainer Maria Rilke et j'en passe…

Sur le chemin de la double rencontre des narrations, celle des auteurs et les miennes, un retour à mon premier héritage me permettra, à travers cet échange des significations, de croiser l'autre. De la rencontre de nos regards, un brin de sens tentera timidement de se pointer. Un lien dialogique fera naître du non-sens de multiples significations qu'on tentera de canaliser pour trouver un certain sens unique. Un sens universel facteur d'orientation, de signification et de sensibilisation indispensable à la praxis humaine au sens où l'entend Gadamer, c'est à dire «penser et agir en solidarité». À tous ces auteurs, je dois le relèvement de la pente de la déshumanisation sur laquelle je me tiens et la naissance d'une parole dialoguante me met déjà sur le chemin de la renaissance pour ne pas dire de la résurrection. Je leur dois à tous l'allégement du poids de ma croix, notamment à Rainer Maria Rilke, qui me libéra de toute pression, en me conjurant d'habiter patiemment mes questions, le temps de renaître de moi-même et de notre histoire.

Dans cette situation tumultueuse et pour le moins douloureuse, mon rapport à la souffrance humaine a radicalement changé. J'ai compris qu'il ne fallait pas la réifier, en faire un objet monnayable qu'on peut prendre ou refuser, conserver ou détruire. En effet, comme le dit si bien Dorothée Sölle (1992: 128): «La souffrance n'est pas un objet, elle appartient au champ de l'activité, du pouvoir créateur de la praxis humaine.»

Cette prise de conscience m'obligera donc à changer d'orientation, et à revenir aux questions qu'on posait traditionnellement à la souffrance humaine, celles de sa signification et de sa fonction, c'est-à-dire des enseignements qu'elle peut donner.

Conséquemment, je me vois obligée de revenir à un langage symbolique, philosophique, psychanalytique, peut-être même poétique et théologique. Je reconnais donc avec Michel Serres, que:

> Nous connaissons par le pathétique et la raison, inséparables, tous deux universels, l'une au foyer de la science et l'autre à celui des cultures; nous pensons par ce que je souffre et que cela est. [...] Les sciences humaines meurent d'avoir oublié les deux modes fondamentaux de la raison, celui des sciences et celui du droit, celui qui nous vient de la pensée comme celui, tout aussi universel, que nous inspire le problème

du mal: injustice, douleur, faim, pauvreté, souffrance et mort, et qui a produit les artistes, les juges, les consolateurs et les dieux [...] Cette raison ne s'apprend pas sans les cultures, les arts, les religions, les contes et les contrats. (1991: 116-117)

Je vais donc tenter de nommer l'innommable et de transcender la réalité existante et tout ce qui en découle. J'essaierai de comprendre, d'analyser et de parler d'une réalité que mes faibles yeux ne peuvent voir, que mes mains ne peuvent palper.

Ce nouveau contexte surgissant dans mon quotidien, bousculant mon présent, vient alors de me composer un nouveau sujet de recherche. Je devrais plutôt dire, un nouveau projet de vie, celui de ma reconstruction, de mon autoprocréation. Ce projet me convie à un rendez-vous émancipatoire; il m'invite à me réaproprier le pouvoir sur ce semblant de vie et d'identité qui me reste. Un pouvoir faire-sens, un pouvoir d'autotransformation, d'autocréation et d'auto-orientation qui passe nécessairement par une prise de parole. Une parole libératrice pour autant qu'elle puisse être énonciatrice de ce désir fondateur du sujet. Je revendique cette parole pour ma survie, pour colmater mes brèches et ramasser mes morceaux. Oui, ramasser mes morceaux, leur offrir une véritable enveloppe psychique, les envelopper dans une douce «peau pour les pensées» si je me permets la merveilleuse expression d'Anzieu. Je voudrais transformer ce ressenti le plus intime qui bouillonne en moi pour en faire une véritable source de culture, comme le disait si bien Jean Vassillef. Afin de lui permettre de ne pas être un pur magma sans contenant brûlant tout ce qu'il trouve sur son passage.

En effet, dans les périodes de crise et de catastrophes humaines, les rancunes de ceux qui ont été détruits par la souffrance se portent sur leurs semblables. Dans un désir macabre de voir autrui souffrir ce qu'on souffre ou ce qu'on a déjà souffert, ils s'imaginent soulager ainsi leur propre misère.

Simone Weil (1962: 15) n'avait-elle pas d'ailleurs raison d'affirmer qu'il y a une tendance naturelle à vouloir répandre la souffrance hors de soi? Si par excès de faiblesse, ajoute-t-elle, on ne peut ni provoquer la pitié ni faire du mal à autrui, on fait du mal à la représentation de l'univers en soi. Toute chose belle et bonne est alors perçue comme une injure. La souffrance exerce donc sur les humains un pouvoir d'aliénation et de déshumanisation, elle les isole et les privatise.

D'après Dorothée Sölle

> le poids d'une souffrance excessive nous accule à un sentiment d'impuissance totale: l'autonomie de pensée, de parole et d'action nous est enlevée faute de moyens d'expression, cette souffrance peut déboucher sur la névrose, le suicide ou la criminalité. (1991: 88)

Ce genre de souffrance anéantit et rend impossible toute volonté de changement, tout espoir de libération et tout discernement des voies par lesquelles elle pourrait être dépassée, transcendée. Une chose est néanmoins certaine, on ne peut rien apprendre d'une souffrance qui n'a pas été travaillée, c'est-à-dire qui n'a pas été réfléchie, formulée, communiquée, reformulée, comprise, formulée de nouveau et ainsi de suite... Une telle souffrance rend aveugle, sourd et muet, elle attaque la vie relationnelle et perd toute sa capacité transformatrice. Elle détruit ceux qui souffrent en anéantissant leur capacité d'aimer et de prendre en charge leur destinée.

L'atelier: pour apprendre à bricoler

> *Apprendre; c'est devenir gros de soi et des autres, engendrement et métissage.*
>
> Michel Serres

Le sujet éclaté que je suis est interpellé par la situation qui est sienne. Cette situation lui intime l'ordre d'essayer de se ressaisir en se saisissant de la situation qui fait crise pour lui et qui désorganise tout son cadre référentiel, en y introduisant de multiples ruptures.

Il s'avère indispensable à ce niveau de reconstruire un nouveau cadre de référence qui fonctionne. Une tentative de compréhension et de transformation d'une expérience souffrante singulière certes, mais socialement inscrite, permettra certainement d'opérer des changements significatifs à la situation sociale. Cela en passant par un changement concret dans la vie des personnes concernées qui se seraient engagées à réfléchir leur propre situation en vue de pouvoir la comprendre, la transformer et ainsi lui trouver un sens. Je dirais avec Claire Lejeune:

> Comprendre, pour les opprimés, c'est faire corps avec le mal dont on souffre pour lui donner lieu de s'écrire, de se réfléchir, de remonter à la

mémoire de sa cause première. La volonté de comprendre devient alors une volonté désespérée d'opérer un changement dans la société en l'opérant d'abord sur soi. (1992: 119)

Tout cela suppose un engagement dans un véritable processus d'autoformation à partir de ce qui advient et de l'expérience personnelle qu'on en a. Parler d'expérience formatrice suppose qu'on accepte d'emblée que le vécu et la réflexion sur ce vécu puissent contribuer de façon significative à informer, former, transformer ou même déformer les sujets en situation expérientielle. Il s'agit alors d'une activité consciente d'un sujet qui effectue des apprentissages à la suite du surgissement d'un inattendu occasionnant une rupture dans la continuité de sa vie. Le résultat du travail d'élucidation à la fois psychologique et sociologique de cette épreuve tendra vers une œuvre de reconstruction et de réorganisation de la continuité de cette vie. Cette activité met l'apprenant en interaction constante avec lui-même, les autres et le monde et elle est productrice de connaissances. Selon Courtois (1995), la transformation de l'expérience comprend une triple démarche, à savoir: une construction et une confrontation de sens, une formulation d'un savoir local d'usage et sa transformation en savoir transférable, voire transmissible, et une dynamique de transformation identitaire au plan individuel et collectif. L'expérience devient alors incontestablement formatrice, voire transformatrice.

Nous voici au centre d'un travail d'autoréparation. Le travail réparateur, comme le souligne avec justesse Catherine Mavrikakis (1995), est autant construction que destruction, fragmentation qu'assemblage. C'est un véritable bricolage qui vise à créer un espace où on peut tenter de faire exister une impossibilité. Faute de pouvoir guérir de son histoire, on essaie de créer des lieux pour accueillir les blessures et les hémorragies blanches et silencieuses de l'affect et de la culture.

L'histoire de vie: l'outil par excellence du bricoleur

Être le fils de son œuvre, tel est l'objectif du travail réparateur.
Simon Harel

Le travail de colmatage auquel la vie me convie m'ordonne d'approcher les moments cruciaux de l'histoire de ma vie, pour cheminer dans le processus de compréhension et de changement dans lequel j'ai choisi de m'engager. Le moyen privilégié pour mener ce projet consiste en une démarche de récit autobiographique d'inspiration phénoménologique et herméneutique.

C'est cette intention de compréhension qui conduit à recourir au cercle herméneutique comme acte d'interprétation et processus de compréhension, voire de connaissance. D'après Nadeau, «Compendre, c'est intégrer une réalité porteuse d'angoisse ou de douleur, une réalité dont on ne saisit pas l'unité et qui de ce fait, nous menace ou nous questionne» (1986: 106).

De cet écart existentiel, de cette échappée de sens, surgit le besoin de comprendre, de relier ce qui s'est délié dans notre système de sens et de fonctionnement et qui cependant était sensé nous faire vivre. C'est dans ce sens-là qu'il est opportun de recourir à la compréhension pour répondre à un drame existentiel et ouvrir ainsi de nouveaux possibles d'être-au-monde.

À la suite de Ricœur (1986) et Gadamer (1976), Nadeau précise que: «Comprendre, c'est aussi bien *prendre avec soi* que *prendre avec d'autres*. [...] C'est-à-dire saisir ce que cette réalité signifie pour sa vie, pour son identité, son devenir ou celui de sa collectivité» (1986: 104).

C'est dans ce sens qui Ricœur (1986) parle d'interprétation comme étant une interprétation de soi, d'un sujet qui désormais se comprend mieux, se comprend autrement ou commence à se comprendre. D'un autre côté, il ajoute que comprendre les phénomènes humains, c'est les situer dans un réseau d'intersignification. L'établissement de ce réseau dépend des conditions que Claire Lejeune cherche à poser en ces termes.

> Il faudra désormais compter sur le lien d'intelligence poétique et sur le réseau d'amitié opérative qui peut naître de la communication à travers les rescapés de l'histoire; entre ceux et celles qui se sont irréversiblement engagés dans la volonté de comprendre les ressorts inconscients du drame universel à travers l'expérience personnelle qu'ils en ont. (1992: 120)

Il s'agit ici de ce que Reason et Rowan (1981) appellent *interprétation intersubjective,* c'est-à-dire une interprétation valide pour tous ceux qui partagent le même monde au même moment dans l'histoire. Une certaine dialectique entre l'individuel et le collectif à l'intérieur de laquelle se mène le travail de réflexion dans l'expérience formatrice.

Josso fait à son tour l'éloge de la complémentarité de l'auto-interprétation et de la co-interprétation faites dans et à l'aide de notre environnement (1991: 192).

Dans un contexte comme le nôtre, la volonté de comprendre devient alors une volonté désespérée d'opérer un changement dans la société en l'opérant d'abord sur soi, comme le dit si bien Claire Lejeune. Le moyen par excellence qui servira cette compréhension consistera en une démarche d'histoire de vie articulée selon le modèle que Pineau et Le Grand (1993) appellent «*dialogique* ou de *coformation*».

La démarche de récit d'histoire de vie est définie par ces mêmes auteurs comme étant «une recherche et une construction de sens à partir de faits temporels personnels» (Pineau et Le Grand 1993: 5). Le modèle dialogique, quant à lui, implique pour le sujet s'autoréparant, de partager son travail réflexif avec son environnement le plus proche, c'est-à-dire d'assurer la *«reconnaissance dialogique des interlocuteurs»*, si je me permets l'expression de Guy de Villers. Cet échange avec ses interlocuteurs aidera le chercheur dans son effort de clarification, dans ses tentatives de nommer et d'organiser, pour lui et pour les autres, l'aventure que lui fait vivre un présent agité à partir duquel se conjuguent, *passés complexes et avenir incertain, pulsions internes et intimations externes.* (Pineau et Le Grand 1986).

Confronter verbalement les fragments de son récit à des interlocuteurs suscite une discussion qui force le narrateur à préciser ce qu'il veut dire, à clarifier ce qui ne l'est pas, ainsi qu'à aborder des filons jusque là inexplorés. Il s'avère opportun de préciser ici que la lecture constitue pour lui un appui considérable dans ses tentatives de se formuler, de se comprendre et d'alimenter ses discussions.

Le matériel avec lequel nous travaillons en histoire de vie est principalement le langage. C'est dans ce sens que Pineau et Le Grand (1993) stipulent que l'histoire de vie, quelles que soient ses utilisations, est d'abord et avant tout un acte de langage qui crée une situation sociolinguistique privilégiée.

D'après les mêmes auteurs, le modèle dialogique articule le travail à faire sur deux temps, qu'on peut résumer comme suit: d'une part, le locuteur, énonce un certain nombre de faits, d'événements le concernant et il essaie de les articuler de la manière la plus cohérente et la plus significative possible pour lui et pour ses interlocuteurs. Il produit donc un énoncé. D'autre part, aussi clair que puisse être cet énoncé, il ne sera jamais transparent. Car la vie ne peut jamais se traduire complètement en mots et ainsi s'y réduire; il reste ainsi un résidu non dit. Un certain nombre de filtres (personnels, sociaux, physiques, etc.) tamisent l'expression. L'énoncé pose alors au locuteur et à ses interlocuteurs un certain nombre de questions qui exigent une seconde opération, un travail sur l'énoncé, un travail d'analyse et d'interprétation. Dans cette situation, les deux types d'acteurs se trouvent dans des positions diamétralement opposées. En effet, le locuteur est immergé dans sa vie avec pour principale tâche de s'en dégager suffisamment pour trouver la distance nécessaire à une vision compréhensive. C'est la création d'un espace d'énonciation, c'est-à-dire de narration de sa vie par soi-même, qui constitue un élément majeur ici. L'interlocuteur, quant à lui, représente au début l'étrangeté même à cette vie qui s'énonce et il doit faire l'effort de s'en approcher suffisamment pour trouver lui aussi sa distance de vue et de compréhension. Pour ce faire, une écoute authentique, empathique et questionnante s'impose.

Conclusion

> *La compréhension n'est pas une méthode mais une forme de vie en commun de ceux qui se comprennent. [...] L'herméneutique vise l'écoute mutuelle.*
>
> H. G. Gadamer

Me référant à mon expérience, j'oserais avancer que l'autobiographie, spécialement en cas de détresse, constituerait une tentative de survie dont l'enjeu serait de contrer une néantisation de l'identité. La valeur d'un projet autobiographique résiderait alors dans sa capacité de colmater les brèches et de réintroduire la continuité dans le cours d'une vie et de son histoire. L'exercice autobiographique exige dans ce cas, de faire des aller-retour dans le temps, entre un futur incertain et un passé perdu. Il implique surtout la capacité d'habiter son présent, d'aller à la rencontre de soi, de celui que l'on fut, de celui que l'on s'imaginait être, mais surtout de cet autre qui advient.

Le projet autobiographique est avant tout un projet de rencontre, non seulement avec soi mais aussi et surtout avec les autres. C'est un espace de dialogue. Le dialogue étant ce lieu par excellence de l'émergence du nouveau, du sens et du sujet où on apprend à voir autrement:

soi-même, son histoire, les autres et le monde. Je me risquerai, pour conclure, à affirmer que l'histoire de vie est effectivement un outil efficace de transformation, ou pour mieux l'exprimer, d'autoformation. J'ajouterai cependant que ce pouvoir formateur ou transformateur que je lui reconnais n'est pas intrinsèque au simple fait de raconter ou d'écrire sa vie. Il semble plutôt tributaire du fait de créer un espace de rencontre avec d'autres où il est possible, non seulement de se dire, mais aussi d'être entendu. En effet, dans de tels lieux, il est possible de travailler solidairement à établir des conditions d'une véritable praxis éducative, c'est-à-dire les conditions permettant de bâtir des projets éducatifs où les gens ne cessent de s'autocréer et de s'autotransformer à travers le monde et l'autocréation d'un autre ou d'autres sujets. Précisons que l'approche d'histoire de vie pose la question du sujet, celle de son existence et de sa capacité de se réinventer. Aussi, elle pose la question de la destitution des sujets supposés savoir. Le rapatriement du pouvoir de faire-sens, du pouvoir d'autotransformation et du pouvoir d'auto-orientation chez les sujets en crise passe par une prise de parole, une parole qui s'annonce en s'énonçant et qui garantit l'autodétermination et la liberté du sujet.

Bibliographie

ARTAUD, G. (1978). *Se connaître soi-même: la crise d'identité de l'adulte*. Montréal: Éditions de l'Homme.
BARCLAY, C.R. et R.M. HODGES (1990). «La composition de soi dans les souvenirs autobiographiques». *Psychologie française*, 35(1): 59-65.
BERTAUX, D. (1980). «L'approche biographique: sa validité phénoménologique, ses potentialités». *Cahiers internationaux de sociologie*, 69: 197-225.
BONVALOT, G. (1995). Pour une autoformation permanente des adultes. *In L'autoformation en chantier, revue: Éducation permanente*, 122: 139-146.
CHENÉ, A. et J.P. THEIL (1989). *Expérience, formation de la personne et savoir-faire-sens*. Communication présentée au IVe Symposium du Réseau international de Recherche-Formation en Éducation permanente. Paris. Inédit.
COURTOIS, B. et G. PINEAU (1991). *La formation expérientielle des adultes*. Paris: La Documentation française.
COURTOIS, B. (1995). «L'expérience formatrice entre auto et écoformation». *In Revue Éducation permanente* 122: «L'autoformation en chantier»: 31-46.
DAIGNAULT, J. (1985). *Pour une esthétique de la pédagogie*. Ottawa: Éditions N.H.P.
DE VILLERS, G. (1991). «L'expérience en formation des adultes». *In* B. COURTOIS et G. PINEAU (dir.) La formation expérientielle des adultes. Paris: La Documentation française: 21-28.

DIRECTION DE L'ADAPTATION ET DES SERVICES COMPLÉMENTAIRES (1993). *La prévention du suicide à l'école*. Québec: Bibliothèque nationale du Québec.

DOMINICÉ, P. (1982). «La biographie éducative: instrument de recherche pour l'éducation des adultes». *Éducation et recherche* 4(3): 261-272.

DOMINICÉ, P. (1990). *La biographie éducative*. Paris: L'Harmattan.

FINGER, M. (1984). *Biographie et herméneutique. Les aspects épistémologiques et méthodologiques de la méthode biographique*. Montréal: Faculté d'éducation permanente, Université de Montréal.

FINKIELKAULT, A. (1984). *La Sagesse de l'amour*. Paris: Seuil.

FRANKL, V. (1988). *Découvrir un sens à la vie*. Québec: Éditions de l'homme.

GADAMER, H.G. (1990). «Qu'est-ce que la praxis? Les conditions de la raison sociale». *In* F. COUTURIER et al. (dir.) *Herméneutique: traduire, interpréter, agir*. Cap Saint-Ignace: Fides: 13-34.

HAREL, S. (1994). *L'écriture réparatrice. Le défaut autobiographique*. Montréal: XYZ.

JOSSO, C. (1988). *Le sujet en formation*. Thèse de doctorat, Faculté de psychologie et des sciences de l'éducation, Université de Genève.

JOSSO, C. (1990). *Cheminer vers soi*. Lausanne: L'Âge d'Homme.

LAFERRIÈRE, T. (1985). «Et pourquoi pas de la recherche sans hypothèse? L'alternative «existentielle-phénoménologique». *Repères. Essais en éducation*. Faculté des sciences de l'éducation, Université de Montréal.

LANDRY, F. (1991). «Vers une théorie de l'apprentissage expérientiel». *In* B. LEJEUNE, (1992). «L'éthique de l'expérience». *Réseaux. L'expérience éthique* 64-65-66: 113-125.

PINEAU, G. et J.L. LE GRAND (1993). *Les histoires de vie*. Paris: Presses universitaires de France: «Que sais-je?».

PINEAU, G. (1995). «Recherche sur l'autoformation existentielle: des boucles étranges entre auto et exoréférences». *Éducation permanente* 122: «L'autoformation en chantier»: 165-178.

RILKE, R.-M. (1937). *Lettre à un jeune poète*. Paris: Bernard-Grasset.

RICŒUR, P. (1986). *Du texte à l'action: essais sur l'herméneutique*. Volume II. Paris: Seuil.

SEMPRUN, J. (1994). *L'écriture ou la vie*. Paris: Gallimard.

SÖLLE, D. (1992). *Souffrances*. Paris: Cerf.

WEIL, S. (1962). *La Pesanteur de la grâce*. Paris: Union générale d'édition.

WEIL, S. (1966). *Attente de Dieu*. Paris: Fayard.

En quoi ma vie s'est transformée autour de mon premier récit de vie

ROBERT ROSE
Étudiant, Département de psychopédagogie et d'andragogie
Université de Montréal

Au moment d'écrire ces lignes, je me revois, peintre d'occasion, surpris de constater que, pour réussir à transformer le salon et la salle à dîner, je devrai non seulement appliquer de la peinture sur le plafond et les murs, mais consacrer plus de temps encore à préparer les surfaces et à attendre que sèche chaque couche de plâtre, puis de peinture. Après quoi il me faudra en outre entretenir les lieux... Ma surprise ne fut pas moins grande de conclure que, dès lors qu'on veut transformer une entreprise, y effectuer des changements profonds et durables, l'essentiel n'est jamais l'exécution mais la préparation et le suivi. Planification et gestion au quotidien exigent le plus clair de notre temps. En matière de transformation donc, *dura lex sed lex!*

Mon expérience du récit de vie ne fit pas exception à cette règle. Ce fut donc pour moi bien autre chose que de rédiger mon premier récit.

Situons!

Cette aventure débuta au plus profond d'une crise où, à l'écœurement de vivre succéda une série d'échecs à tenter de gagner ma vie autrement, plus librement; elle devint assez tôt une recherche identitaire, un retour à la personne que j'étais vraiment. Durant huit mois (sessions d'automne 1992 et d'hiver 1993, à l'Université de Montréal), je participai au cours de Jeanne-Marie Gingras intitulé *Récit de vie et pratique de formation*. Je n'aurais pu écrire à peu près rien du présent texte au terme de mon expérience d'un premier récit de vie.

Je distinguerai les étapes suivantes: préparation à l'écriture, rédaction du premier récit de vie, suite immédiate et suite prochaine. Je concluerai sur mes orientations les plus récentes.

Préparation à l'écriture: la recherche d'un sens

Dans le *Tao Teh Ching*, Lao Tzu affirme: «un voyage de mille lieues débute où nos pieds reposent» (1961: parag. 64).

Je m'occupai d'abord à me situer. Où en étais-je dans ma vie? Que s'y passait-il, qu'y avait-il là, au centre? Ma vie avait-elle encore un sens? Lequel? Je pris alors fortement conscience du fait que, si je puis ainsi m'exprimer, je me sentais tel un arbre évidé de son cœur, de tout son intérieur, dont la sève circulait dans sa seule écorce, et dont les racines, certaines sectionnées, reposaient sur le sol, en attente d'une nouvelle terre.

Dans un deuxième temps, invité à «remuer le sol de ma vie», je voulus retrouver les moments où, enfant, j'avais été heureux, bien dans ma peau, plein d'énergie et de vie. Cette recherche me mena à la campagne où, enfin libre, j'étais moi-même et la Nature ma vraie mère; où je vivais des moments de plénitude intense, où s'exerçait ma spontanéité créatrice, ma curiosité; où, au milieu des Éléments, s'épanouissait ma nature contemplative, si sensible à toute beauté. Au même temps, je fus surpris et attristé de constater combien j'avais été seul, dans l'enfance.

La question s'imposa à moi: qu'était-il advenu de toute cette vie riche et pleine, de cet enfant, de ce père de l'adulte que j'étais devenu? Plutôt que d'être au centre de mon être, comme la vie elle-même, tout cela s'était retrouvé à sa périphérie. Au centre, régnait quelqu'un d'autre: faux, bête performante consacrée avant tout au succès. C'était par là, je devais le reconnaître, qu'en moi la mort s'était substituée à la vie.

Pour la première fois m'apparurent l'origine, l'étendue, la profondeur, la monstruosité du drame que j'avais vécu. Je mis la main sur *The Drama of the Gifted Child* d'Alice Miller, où je me retrouvai tout entier. J'entreprenais le deuil de mon enfance et de ma jeunesse.

Ce deuil déborda: il remettait en cause l'essentiel de ce qu'avait été ma vie jusqu'alors. Au moment de choisir l'angle sous lequel j'écrirais mon récit, je n'entretenais plus aucun doute: j'écrirais avec le souci de retrouver le sens que j'avais donné à ma vie, espérant par là conclure qu'elle en avait encore un.

Les moyens mis à contribution pour favoriser ce cheminement, avant la rédaction, furent nombreux et variés: exercices de centration, marche méditative, séances de visualisation, esquisses d'écriture par période (enfance, adolescence...), ébauche de récit de vie en une page, dessin des plans des lieux où j'avais vécu, carte de vie, lettres à Jeanne-Marie, réponses du professeur, rencontres entre camarades, échanges à deux, partages en groupe, lectures de textes distribués par le professeur et de livres, préparation d'un florilège. Le cours demeura toujours le point central de rencontre et de soutien.

Me servirent de puissants catalyseurs: 1. une marche méditative visant la centration; 2. un exercice d'écriture sur mon enfance à la campagne; 3. l'étude du livre d'Alice Miller.

Rédaction, le sens retrouvé:
émergence d'un sens et d'une forme

Durant les derniers jours qui précédèrent la période de rédaction, il me sembla que je me désintégrais. Avec le sentiment de tenir ma vie au creux de ma main, j'étais harcelé par la question fatale: «À quoi bon?» Lorsque je ressentis que le moment semblait venu de m'y mettre, je n'avais plus la moindre idée de ce que j'écrirais. Pourtant, calme, je m'assis et je me mis à écrire. Durant les jours qui suivirent, sans discontinuer, progressant comme en spirale, je rédigeai mon récit, que je relus et repris plusieurs fois, un mois durant.

La rédaction fut pour moi une expérience globale et unificatrice. J'assistai à la naissance de mon faux *self performant*, je revécus son envahissement de tout mon champ d'expérience. J'établis le bilan du lourd tribut que j'avais payé au succès, dans mes relations, à chaque étape de ma vie. Vie double, où il m'apparut que sous les apparences, patient, tenace, je n'en avais pas moins toujours été activement à la recherche de la personne que j'étais véritablement. À l'évidence, ma vie n'avait été qu'un chemin vers moi-même, y compris au moment de mes décisions et orientations les plus décisives. Cette constatation inattendue me revitalisa. Devant tant d'acharnement, je jurai alors de poursuivre ma route avec une détermination renouvelée.

De mon état général qui m'était apparu si chaotique en début de rédaction, avait émergé non seulement un sens mais encore une forme; un texte libérateur, très peu linéaire, tout empreint d'émotions, d'indignation, de révolte: succession de visions, de tableaux-éclairs, comme autant de cris, de jugements et de condamnations. Un récit, à peine; issu de l'une des expériences les plus pénibles de ma vie, où j'eus le sentiment de m'arracher les mots du cœur, un à la fois. Je n'eus jamais cru qu'il y eût par là tant de souffrances restées muettes. Voilà que je venais de m'avouer et de revivre tout ce que je pouvais supporter alors, jusqu'à l'épuisement. À preuve, je ne parvins pas à reprendre mon récit avant longtemps: sentiment d'impossibilité absolue.

Par souci de soutien mutuel, nous nous étions regroupés en dyades avant d'entreprendre la rédaction. Il avait été prévu que nous communiquerions l'un avec l'autre durant cette exigeante retraite. Pour ma part, j'appréciai surtout de me confier à Jeanne-Marie dans une première lettre, au terme de l'étape la plus pénible du parcours, et dans une seconde, dès que j'eus décidé que j'en avais terminé.

Suite immédiate: expression et partage du sens

J'ai vécu les semaines qui ont suivi comme un long moment d'émergence. Tout se passa comme si je prenais le temps d'intégrer l'essentiel des transformations qui s'étaient produites en moi.

D'une part, je me reconnus créateur, capable, à partir de moi seul, de créer un texte qui m'exprime, émotivement aussi bien qu'intellectuellement. Plus encore, cédant au besoin irrésistible de revenir souvent à mon récit comme à moi-même, je me rendis compte qu'il exprimait de moi beaucoup plus que ce que j'avais eu conscience d'y mettre. En d'autres termes, dès que je le relisais, il me révélait invariablement des aspects de moi que j'ignorais encore. D'où mon sentiment de me l'approprier, et moi-même, chaque fois davantage.

D'autre part, je répondis à l'invitation de partager avec mes camarades autour de mon récit et de mon expérience du cours. L'entreprise me fut difficile. Néanmoins, elle me combla. Elle me sortit en effet de ma solitude, m'interdit de m'isoler, de continuer de prendre pour acquis l'impossibilité d'exprimer aux autres mon intimité profonde et d'en être compris. Sous mes yeux, la vie démentit ce douloureux solipsisme. Même sur un plan de grande intimité, il s'avéra possible de partager entre camarades d'étude. Non seulement étaient-ils loyaux et discrets, ils se révélaient attentifs, accueillants, empathiques, chaleureux. Ainsi, notre humanité commune se fit jour, nous rapprocha, nous rendit solidaires, voire complices, comme il se voit dans les groupes dont l'esprit de corps fait envie, une fois l'épreuve surmontée.

Au terme de cette étape, je me retrouvai avec une plus grande estime de moi-même, comme si je venais de me revaloriser à mes propres yeux. Surpris encore une fois, je dus admettre combien il m'était cher de m'exprimer d'une façon créatrice, combien j'avais souffert, jusqu'alors, de ma stérilité à cet égard. Il me sembla que par la création, ma vie s'ouvrait sur une nouvelle avenue de sens venue des profondeurs de mon âme et où, comme le faisait remarquer Joseph Campbell, «à ceux qui vivent pleinement, il importe plus de s'éveiller à la vie que d'obtenir un sandwich»[1] (cité par Cousineau 1990: 221).

Comme le bon médecin suit son patient longtemps après qu'il s'est rétabli, suivons maintenant cette avenue nouvelle à laquelle l'expérience de mon premier récit de vie m'avait mené et que j'avais résolu d'emprunter.

Suite prochaine: créer un sens

Deux mois plus tard, entre amis, nous parlions de la transformation intérieure que je venais de vivre. Je leur faisais part de mon sentiment d'avoir, tel un samouraï devenu trop sensible, trop vulnérable, déposé les armes, offert et remis mes sabres à meilleur que moi. J'entendis mes amies les plus proches me presser d'en écrire quelque chose, afin qu'elles puissent, me lisant, savoir et ressentir ce dont nous parlions. Je ne m'attendais pas à cette requête. De retour chez moi, je ressentis comme une urgence le besoin impérieux d'écrire. Ce que je fis. Encore une fois, une forme parut, nouvelle, toute d'images et de symboles, qui exprimait à ma satisfaction les émotions que j'avais fortement éprouvées peu de temps auparavant.

Ce texte poétique, je l'intitulai «Le samouraï». De toute ma vie, je ne me souvenais pas en avoir jamais écrit de semblable. Suivirent plus de quatre-vingts textes, que je parvins, un an plus tard, à appeler des poèmes. Sous le thème du Guerrier, puis de l'Enfant, de l'Autre et de la Rage assassine, ils expriment l'essentiel de ce que j'ai vécu, ces dernières années.

Afin de mieux développer en moi un processus créateur, je suivis Julia Cameron (1992), sur *The Artist's Way*. Après six mois d'un travail soutenu, je constatai que quotidiennement, je créais, j'écrivais: textes poétiques ou propos.

Je m'inscrivis bientôt au cours de Jeanne-Marie Gingras, *L'éducateur face à la créativité*. Ce fut pour moi l'occasion, sur un trimestre, de compléter mes textes poétiques et de les réunir en un recueil, illustré de mes propres aquarelles, d'une huile ainsi que d'un pastel exécuté plusieurs années auparavant et retrouvé avec bonheur. Dans cet esprit d'intégration et de continuité, je mis en tête du recueil un texte poétique écrit à vingt ans et que j'avais heureusement conservé. De ce cours, quatre questions me sont restées, qui m'interrogeaient déjà, lors de la rédaction de mon premier récit de vie. Ayant eu le loisir de les articuler un peu mieux, je vous les soumets.

Première question: de quoi parlons-nous lorsque nous désirons référer à cet état de la personne, à la source du geste créateur, de l'acte de créer et qui, comme le fait remarquer Rollo May (1975)

> met à contribution la personne en entier, le subconscient et l'inconscient agissant à l'unisson avec le conscient. Il n'est donc pas irrationnel; bien plutôt suprarationnel. Il met en action toutes à la fois les fonctions intellectuelle, émotionnelle et volitive.[2]

Pour ma part, je crois que cet état obscur que j'ai connu et qui semble présider à l'acte créateur est responsable du sentiment que j'ai si souvent éprouvé de me retrouver tout entier dans mes créations, voire d'y retrouver plus que ce que j'avais eu conscience d'y mettre de moi.

Deuxième question: si elle existe, en quoi consiste cette sagesse secrète dont parle Joanna Field (1952) en ces termes?

> À n'en pas douter, mes explorations m'ont peu à peu rendue consciente de l'existence de quelque chose — je ne peux que l'appeler une sagesse — quelque chose qui semble «informer mes fins», tentant d'exprimer ses buts par des images symboliques. Or il ne s'agit sûrement pas d'une sagesse raisonnable, car dès que je tentai de discuter et de diviser mon

expérience en idées logiques, ce sens de ce que je voulais s'en trouva détruit. Raisonnant, j'étais activement affirmative. Or il semble que c'est seulement lorsque j'étais activement passive et satisfaite d'attendre et d'observer que je savais vraiment ce que je voulais».³ (1952: 207)

Quant à moi, observant mes créations et apprenant sur moi-même à leur contact, j'étais conscient d'une logique derrière mes activités créatrices et qui tentait de s'exprimer. Logique toute d'images, de symboles, dont certains fort anciens, qui me hantaient et revenaient, périodiquement, à des intervalles très longs aussi, durant ces mois de création: la lune, le papillon, l'arbre, la pluie, le soleil, la montagne, l'oiseau, le guerrier samouraï, le miroir...

Ces images, ces symboles étaient toujours là, qui s'imposaient à moi, pour ainsi dire, se retrouvaient dans mes écrits, réapparaissaient dans mes pastels, mes collages, mes huiles, mes aquarelles. C'est peut-être de là que j'acquis le sentiment que, tout comme je pouvais dévaler une pente et sentir que ça skiait, de même, je pouvais être en train de créer et sentir que ça créait, pour ainsi dire.

Troisième question: qu'y a-t-il à comprendre dans cette sagesse Zen dont le maître archer Eugen Herrigel (1971) nous dit:

> Un jour je demandai au Maître: «Comment le tir peut-il se produire si «je» ne tire pas?» ««Cela» tire», répondit-il. [...] ««Cela» attend au plus haut point de tension.» «Mais «Cela», qui est-ce, de quoi s'agit-il?» «Lorsque vous l'aurez compris, vous n'aurez plus besoin de moi. Or si je tentais de vous en donner un indice au prix de votre propre expérience, je serais le pire des professeurs... Cessons donc d'en parler et poursuivons l'exercice.»⁴

Mais alors, je vous le demande, et c'est ma quatrième question, quel rapport entretient avec le processus créateur cette doctrine dont on affirme:

> La «Grande Doctrine»... ignore ce qu'est une cible posée à une distance précise de l'archer. Elle ne connaît que le but, impossible à viser techniquement. Si elle doit le désigner, elle appelle ce but le Bouddha».⁵

Mes questions ne sont pas proprement métaphysiques. Elles visent la pratique du récit de vie et l'exercice de l'acte créateur à partir de notre savoir d'expérience.

Orientations récentes: saisir le sens

Inscrit au Ph.D. en sciences de l'éducation, j'ai repris mon récit de vie, l'été dernier. Ma deuxième version, beaucoup plus étendue, se présente sous l'angle de mon développement identitaire. Je désire, en effet, à partir de mon savoir d'expérience, saisir un peu mieux ce qui caractérise les formes de relations qui favorisent l'acte créateur, qui mènent à une transformation identitaire du type de celle que j'ai connue. Pour atteindre le but que je poursuis, il se peut que j'examine ces relations dans le contexte général du récit de vie.

Enfin, j'en suis à compléter mon second recueil de poèmes, qui sera prêt avant le Nouvel An.

Résumons!

J'ai indiqué qu'au terme de la période préparatoire:
1. j'étais centré sur la recherche d'un sens à ma vie et j'avais résolu que ce serait sous cet angle que je rédigerais mon récit;
2. j'avais repris contact avec cette vitalité et cette spontanéité créatrice que j'avais parfois éprouvées, dans l'enfance;
3. j'avais saisi l'ampleur du drame vécu par l'enfant doué que j'avais été;
4. j'avais entrepris le deuil de cette enfance et de ma jeunesse.

J'ai ensuite fait remarquer qu'après avoir progressé dans ce deuil tout au long de la rédaction de mon premier récit:
1. contre toute attente, j'avais vu se dessiner, pour ainsi dire, un nouveau sens à ma vie: ce long chemin vers moi-même;
2. j'avais reconnu avoir créé une forme libératrice, mon récit, dont je me demandais comment elle avait pu émerger d'un tel chaos intérieur.

J'ai ajouté qu'une fois complétée l'étape d'expression et de partage:
1. j'avais le sentiment de continuer de découvrir, dans mon récit, des aspects de moi que j'ignorais;
2. j'étais convaincu qu'entre camarades d'études créateurs, on pouvait partager une profonde intimité, être compris et devenir solidaires les uns des autres à partir de notre humanité commune;

3. je me sentais revalorisé, à mes propres yeux, et je m'estimais davantage.

J'ai montré, en outre, que le temps venu de créer un sens:
1. grâce à la poésie, j'avais réussi à exprimer ce que j'avais vécu et à y donner un sens;
2. j'étais parvenu à m'inscrire dans un processus créateur à chaque jour renouvelé;
3. j'avais complété et illustré mon premier recueil de poèmes;
4. je m'interrogeais plus que jamais sur la pratique du récit de vie comme exercice d'un acte créateur.

Il me reste désormais à tenter de mieux saisir ce qui favorise la transformation identitaire et l'acte créateur, notamment chez l'auteur du récit de vie.

Notes

1. Ma traduction; le texte original: «For people who are really alive, to have life awakened is more important than to get a sandwich.» (Campbell cité par Cousineau 1990: 221).
2. Ma traduction; le texte original: «it involves the total person, with the subconscious and unconscious acting in unity with the conscious. It is not, thus, irrational; it is, rather, suprarational. It brings intellectual, volitional, and emotional funtions into play all together.»
3. Ma traduction; le texte original: «Certainly my exploring had gradually made me aware of the existence of something — I can only call it a wisdom — something that seemed to be "shaping my ends", trying to express its purposes in pictorial symbols. And it certainly was not a reasonable wisdom, for as soon as I tried to argue and to split up my experience into logical ideas, then this sense of what I wanted was destoyed. To reason was to be actively assertive, and apparently it was only when I was actively passive, and content to wait and watch, that I really knew what I wanted.»
4. Ma traduction; le texte original: «One day I asked the Master: «How can the shot be loosed if "I" do not do it?»
«"It" shoots,» he replied. [...] «"It" waits at the highest tension.»
«And who or what is this "It"?»
«Once you have understood that, you will have no further need of me. And if I tried to give you a clue at the cost of your own experience, I would be the worst of teachers... So let's stop talking about it and go on practicing.» (Herrigel 1971: 58-59)
5. Ma traduction; le texte original: «The "Great Doctrine" [...] knows nothing of a target which is set up at a definitive distance from the archer. It only knows of the goal, which cannot be aimed at technically, and it names this goal, if it names it at all, the Buddha.»

Bibliographie

CAMERON, J. (1992). *The Artist's Way. A Spiritual Path to Higher Creativity*. New York (NY): Jeremy P. Tarcher/Perigee Books.
COUSINEAU, Ph. (1990). *The Hero's Journey: The World of Joseph Campbell*. San Francisco (CA): Harper Collins Publishers.
FIELD, J. (1952). *A Life of One's Own*. Penguin Books/Pelican.
HERRIGEL, E. (1971). *Zen in the Art of Archery*. Vintage Books.
LAO TZU (1961). *Tao Teh Ching*. Trad. par C.H. John, Wu. Paul et K.T. Sih (éds). New York (NY): St.John's University Press.
MAY, R. (1975). *The Courage to Create*. New York (NY): W.W. Norton and Company.
MILLER, A. (1981). *The Drama of the Gifted Child*. New York (NY): Basic Books.

Le pouvoir des mots sur soi

Isabel Rodrigues
Étudiante, Département de psychopédagogie et d'andragogie
Université de Montréal

Introduction

Lorsque j'ai dû choisir un fil conducteur me permettant d'ÉCRIRE mon histoire de vie, j'ai fait mon choix en partant du sentiment le plus fort que j'ai toujours eu à l'égard de mon passé: celui d'une impuissance absolue d'être, d'exister, de dire. Cela parce que ce sentiment d'impuissance, imprégné dans mon passé de façon très forte, contrastait radicalement avec le sentiment de liberté et d'épanouissement que j'ai acquis depuis mon arrivée au Québec.

Ce sont ainsi ces deux pôles totalement opposés de mon identité, entre ce que j'ai été et ce que je suis devenue, qui m'ont amenée à vouloir fouiller très profondément dans mon passé pour pouvoir retrouver les personnes, les situations, la source de cette rage qui me poussait sans arrêt à dépasser des obstacles parfois insurmontables. Donc, écrire mon récit, cela représentait pour moi vivre une aventure particulièrement périlleuse par le nombre d'embûches et d'obstacles de toute nature que je pressentais devoir franchir: douleurs profondes restées «imprégnées» dans le temps passé, moments difficiles embaumés dans ma mémoire, trous noirs chargés d'émotion et de chagrin que je n'avais jamais osé DIRE à haute voix par peur de les réveiller...

Et c'est là que réside, pour moi, le pouvoir transformateur de l'écriture sur soi: celui de «mettre des mots» sur des émotions parfois floues, vagues, éphémères, mais qui ne cessent pas pour autant d'exister dans cette trame existentielle qui donne sens à la vie.

Dans ce trajet, je distingue deux moments importants: celui qui précède l'émotion immédiate d'avoir nommé, raconté, écrit pour la première fois mon récit de vie et celui que je vis en ce moment après avoir fait ce voyage dans le temps. Dans ce contexte j'essayerai, dans un premier temps, de retracer les sentiments immédiats que j'ai eus une fois mon récit de vie terminé et l'impact que cette aventure a pu avoir sur mon être, ma vie, ma pratique au présent.

À la recherche du passé: les événements marquants

Plusieurs événements ont profondément marqué ma vie. Mais jusqu'au moment d'écrire mon récit, un seul événement me paraissait déterminant dans les malaises profonds que je ressentais au présent: celui de la guerre civile que j'ai vécu à l'âge de dix-neuf ans lors de l'indépendance de l'Angola. La violence avec laquelle je l'avais subie et le traumatisme profond que cet événement m'a laissé, m'ont amenée graduellement à minimiser tout mon passé antérieur et j'ai fini par avoir l'impression que toute mon histoire, jusqu'à la guerre, était complètement submergée par cet événement traumatisant.

La guerre s'est graduellement transformée dans mon intérieur et est devenue, avec le temps, l'événement qui justifiait tous les autres. Et lorsque je me suis confrontée à la situation de devoir faire mon récit de vie, la première attitude spontanée que j'ai ressentie était la peur de devoir revivre ce moment pénible que j'avais toujours cru être le centre de mes maux, de mes difficultés, de mes douleurs d'être...

Un autre événement a aussi marqué profondément ma vie sans que j'en ait été consciente jusqu'au moment d'écrire mon récit: celui d'avoir été retirée du lycée que je fréquentais à l'âge de treize ans. J'ai donc vécu jusqu'à la guerre d'indépendance dans un monde clos se limitant aux travaux ménagers. Le vide profond qui s'est développé en moi pendant ces six années de «réclusion» est devenu un moment douloureux dont j'évitais de parler, que je voulais étouffer, oublier. Donc, jusqu'au moment d'écrire mon récit, j'ai toujours vu cette période de ma vie comme un moment très difficile, mais qui, malgré la douleur, ne m'a jamais paru avoir une incidence quelconque avec toutes mes difficultés d'alors.

Le troisième événement aussi marquant que les précédents est celui que j'ai vécu lorsqu'une vingtaine d'années plus tard, je me retrouve confrontée à enseigner à de jeunes adolescents du secondaire. Mon passé qui jusque-là paraissait «endormi», éclate soudainement au point de tout mettre en cause: mon métier, mes choix, bref tout mon être. Cette situation était particulièrement douloureuse puisque après avoir fait tant de chemin et dépassé tant d'obstacles pour pouvoir, d'abord, faire des études universitaires et, ensuite, exercer un métier significatif pour moi, je découvre avec grand désespoir que ce même métier faisait aussi resurgir tous les trous les plus noirs de ma vie.

La douleur immense d'avoir l'impression quotidienne de reprendre les cours, l'école, le milieu laissé depuis vingt ans, était insoutenable à un tel point que j'ai pensé abandonner l'enseignement à plusieurs reprises pendant cette année-là. Mon passé semblait faire surface avec la même intensité, la même impuissance que celle que j'avais à treize ans. Cet événement particulièrement difficile par l'intensité des émotions vécues m'était complètement incompréhensible.

Donc, jusqu'au moment d'écrire mon récit de vie, ces événements étaient restés figés dans les émotions traumatisantes du moment et j'étais incapable de comprendre leur portée dans mes gestes, mon comportement, mes difficultés au présent.

Construction d'une trame de fond

Ce fut donc ce sentiment d'impuissance absolue que j'ai toujours eu à l'égard de ce passé d'avant la guerre et ce que j'ai réussi à devenir qui m'a poussée à vouloir connaître la source, les événements ou les personnages qui ont pu me donner ce «pouvoir intime» de dépasser des obstacles, de franchir des barrières immenses; bref, de ressentir pour la première fois de ma vie ce sentiment extraordinaire de «pouvoir» être moi-même.

Dans ce contexte, devoir retracer les personnes autant que les situations qui m'avaient donné ce «pouvoir» et surtout devoir placer des mots sur tout ce vécu n'a été ni facile ni évident. L'apport précieux d'un petit journal de bord, parallèle à mon histoire, m'a permis de formuler pour la première fois ces émotions à l'état brut avant de les transformer, les intégrer, les décrire et les comprendre.

La voie d'accès qui m'a ouvert la porte d'entrée et permis de construire cette trame infiniment complexe de mon histoire fut celle des pierres de gué. Devoir identifier les pierres de gué qui m'ont amenée à mon passé le plus lointain, cela m'a permis d'abord de me frayer un chemin et surtout de consolider des points de repères précieux me permettant d'accrocher les premiers fils suspendus de mon passé.

Ainsi, ce fut cette «assurance», dans le tracé de mon chemin, qui m'a amenée à vouloir découvrir le détail des pierres de gué sur lesquelles je m'appuyais: à savoir leur texture et surtout leurs dimensions me permettant de connaître réellement leur solidité. Et c'est en passant et repassant par le même chemin plusieurs fois que j'ai fini par découvrir ce que je cherchais depuis toujours: la source de cette rage, de cette force qui m'habitait malgré mon malaise profond d'être.

Cependant, c'est seulement après avoir défini les personnages et les situations qui m'ont permis d'acquérir ce «pouvoir intime», que j'ai pu quitter la surface des pierres de gué et plonger plus profondément pour connaître leurs dimensions cachées. C'est cela essentiellement qui m'a permis de comprendre la dimension «réelle» des personnages ou des événements qui ont laissé des marques indélébiles dans ma vie.

La construction de cette trame de fond m'a permis d'aller et revenir dans mon temps intérieur, dans l'histoire que je me suis construite au cours de ma vie et j'ai pu construire les premiers points de repères précieux à la compréhension de tout ce vécu laissé à l'état d'émotion dans ma mémoire.

Compréhension d'un passé

L'investigation de la dimension «réelle» de chacune de ces pierres de gué m'a ainsi fait découvrir des choses insoupçonnées sur les trois événements les plus marquants de ma vie: d'abord la guerre qui me semblait réunir tous les problèmes de ma vie, a pris une autre dimension lorsque, essayant d'identifier les sentiments que j'avais lors de cet événement effroyable, j'ai découvert que malgré toute la douleur du moment, je ressentais un sentiment de liberté qui m'était inconnu. Liberté de m'être libérée de la tutelle familiale et de pouvoir enfin «communiquer» avec l'extérieur.

Découvrir que cet événement que j'avais toujours perçu comme le plus terrible de ma vie avait plutôt été, malgré les souffrances, un événement libérateur qui m'a permis de changer de contexte, de vie, de continent et de pouvoir enfin m'épanouir ailleurs, cela a donné une tout autre dimension à l'événement lui-même et mis en cause tous les autres.

Cependant, pour les deux autres événements cités précédemment, il a fallu repasser plusieurs fois par le même chemin avant de faire la découverte la plus extraordinaire qui a permis la compréhension du «nœud» le plus serré de mon histoire. Ce fut celle de découvrir que ma source, le véritable pouvoir acquis dans ce passé replié et effacé, se trouvait non pas dans les événements ou les quelques personnes que j'ai connues, mais plutôt dans le trou noir immense qui s'est construit en moi pendant ces six années de vie recluse à la maison.

J'ai constaté que la période la plus noire de mon passé d'adolescente était peut-être celle qui m'avait fait acquérir cette rage profonde de courir sans arrêt, de ne pas avoir peur des obstacles infranchissables, de lutter jusqu'à ce que ma soif de tant de choses soit assouvie... Soif d'abord de rattraper le temps perdu, de savoir ce que je n'ai pas su, bref d'APPRENDRE à nouveau. Découvrir cela sur un moment que j'ai toujours voulu ignorer parce qu'il ne me semblait pas avoir des incidences particulières dans ma vie présente, a été crucial à la compréhension de beaucoup de malaises vécus dans ma pratique en particulier.

Comprendre cet événement marquant de ma vie a essentiellement permis d'ouvrir une porte triplement verrouillée qui me dérangeait profondément depuis toujours mais que j'étais incapable de voir. C'est seulement à partir de cette découverte que toute la situation du secondaire est devenue déchiffrable et plus compréhensible: le fait d'être privée d'études et d'amis au début de mon adolescence était profondément et intimement lié à toutes les émotions terribles que j'ai vécues lorsque je me suis retrouvée dans le même contexte à titre de professeure, vingt ans plus tard.

Une fois les liens établis entre ces deux événements, j'ai pu enfin comprendre mes difficultés, ma vulnérabilité et surtout pourquoi ce métier qui a tant de sens pour moi, m'a aussi révélé et fait resurgir tous mes blocages passés.

Connexion avec le présent

Découvrir toutes ces nouvelles dimensions sur des événements passés a sans contredit permis de comprendre tous mes malaises ou difficultés présentes en tant que personne et surtout en tant qu'enseignante. Les malaises profonds et incompréhensibles qui me nuisaient jusqu'au moment d'écrire mon récit, même s'ils ne sont peut-être ni guéris complètement, ni touchés de façon encore plus profonde, me font tout de même moins peur du fait qu'au moins j'ai pu commencer à déchiffrer le codage inextricable qui embaumait chaque douleur dans son temps.

En tant qu'auteure, je me suis sentie beaucoup plus soulagée à la fin de mon récit, libérée d'un poids immense qui traînait depuis toujours sur moi: soulagement de DIRE les privations de ce passé obscur, effacé, demeuré complètement impuissant, resté submergé dans le temps, et surtout de comprendre ces événements qui semblaient court-circuiter ma pratique de façon dangereuse.

J'ai l'impression qu'après avoir écrit mon récit, je suis enfin ARRIVÉE À MON PRÉSENT, enfin arrivée à moi-même, j'ai enfin lié tout mon temps à ce passé lointain et créé pour la première fois une ligne, un fil unissant mon présent à cette toile de fond construite au cours de ma vie. Et cela m'a permis essentiellement de relier enfin ces deux personnages qui se sont développés en moi: l'un impuissant et complètement dépendant jusqu'à la guerre et l'autre épanoui et libéré qui s'est développé après la guerre.

C'est par la compréhension de ces deux personnages créés dans des contextes et continents différents, que le casse-tête confus de mon histoire a enfin pris un sens et que j'ai pu finalement sentir un grand soulagement mais aussi une certaine sécurité intérieure qui m'était inconnue jusque là. J'ai l'impression que la fluidité et l'ambiguïté que je ressentais à l'intérieur se sont réajustées et que mes réseaux internes flous, vagues ou obscurcis, se sont précisés et sont devenus plus clairs.

Le pouvoir de la parole empruntée

En plus d'écrire mon récit, j'ai bénéficié d'un outil extraordinaire qui a facilité non seulement mon expression, mais qui m'a surtout permis de DIRE dans une langue d'emprunt utilisée expressément pendant tout ce processus de questionnement et de réflexion dans le journal de bord comme dans les différentes versions du récit de vie. Décrire et essayer de comprendre mon passé dans une langue autre que la mienne m'a permis de dire plus crûment les choses, de citer les événements autrement, de nommer plus aisément les émotions plus difficiles; bref, de parler de mon passé comme s'il s'agissait de quelqu'un d'autre que je connaissais très bien...

Cette étanchéité que m'octroyait la langue d'expression, je l'ai découverte en cours d'écriture lorsque, dans les moments de blocage, tout m'est apparu si simple à dire... Donc, écrire ainsi mon vécu familial en français m'a sans contredit libérée de toutes les contraintes et blocages que le portugais m'aurait imposés dès le départ. Le français est devenu en soi un instrument par excellence de déblocage de toutes ces émotions figées dans ma mémoire.

Un constat m'est apparu intéressant dans ce parcours: la langue dans laquelle est écrit notre récit de vie joue un rôle prépondérant autant dans la forme donnée au récit que dans le contenu lui-même. La langue d'expression évoque forcément un monde culturel plein de symboles et de valeurs qui lui sont propres et c'est pourquoi l'utilisation du français m'a dégagée de toute la culture familiale et permis de porter un regard plus distant sur mon passé.

Le récit de vie après...

Sur le plan personnel, il est encore trop tôt pour pouvoir définir tout ce que je ressens en ce moment. Tout ce que je peux dire c'est qu'à part ce grand soulagement mentionné plus tôt, je sens une paix nouvelle et infiniment agréable dans mon être le plus profond. Peut-être parce que j'ai l'impression que les personnages ou les événements qui ont marqué ma vie ont enfin pris leur «juste» place dans mon histoire: ceux qui avaient des dimensions démesurées sont devenus tout à coup moins puissants, presque effacés dans cette trame qui paraît dorénavant m'appartenir TOTALEMENT. Et d'autres situations ou personnages, qui étaient tout petits, ont pris leur taille «réelle».

Avoir «mis des mots» sur des émotions, m'avoir révélé ma propre histoire, cela a touché mon être au plus profond, puisque je ne suis plus la même personne. J'ai découvert un monde et surtout le pouvoir des mots qui m'aidera dorénavant à m'AIDER. Les choses dites marquent un temps, définissent une émotion, libèrent une expression. Et c'est essentiellement cette libération par les mots que l'on se dit sur soi qui changent complètement le sujet-objet de réflexion et surtout les rapports avec les autres.

Analyser ma propre vie, mes difficultés, mes douleurs et devenir ainsi l'objet de ma recherche a surtout appris à ME REGARDER. Cette sensation extraordinaire de me «voir aller», de m'observer, me procure un bonheur qui m'était inconnu: celui de POUVOIR me voir. Et me regarder aller dans mon quotidien a sans aucun doute des répercussions importantes dans ma pratique: cette situation me donne sans contredit une nouvelle dimension de moi et aussi des autres, surtout ceux que je dois «accompagner» dans le parcours délicat et périlleux qui est celui de l'apprentissage.

Le sentiment d'être avec les autres après la découverte

Le fait d'avoir découvert l'incidence de mon passé dans ma pratique, cela a été une découverte capitale me permettant de comprendre mon comportement, mes gestes, mes peurs et mes angoisses dans ma pratique. Car si j'ai choisi ce métier, c'est avant tout parce qu'il me place dans un état perpétuel d'apprentissage et surtout d'aide que j'ai besoin d'octroyer pour libérer l'étouffement que je ressentais depuis cette jeunesse perdue.

Ma relation avec les étudiants a changé, mais je ne peux pas encore expliquer ni saisir la portée réelle de ce changement. Je sais seulement que je me sens plus confiante et plus sûre de réussir à leur transmettre quelque chose de tout à fait mien que je n'ai jamais eu auparavant.

Conclusion

Nommer, expliquer, raconter, «mettre des mots» sur des émotions et sentiments vécus, cela exige plus qu'un exercice intellectuel: c'est un véritable voyage intérieur dans le temps. Et c'est ce voyage que j'ai l'impression d'avoir fait jusqu'à mon plus jeune âge, m'obligeant tantôt à survoler les situations et les personnages qui ont peuplé ma vie, tantôt à m'arrêter pour comprendre les situations plus complexes de ce casse-tête qui constitue mon histoire, ma vie. Ainsi, c'est en essayant de nommer ces moments figés dans le temps que la trame de fond, qui a servi de base à tout ce vécu, s'est graduellement construite.

Cette trame m'a ainsi permis non seulement de comprendre la grandeur, la puissance, l'importance de certaines situations ou de certains personnages qui ont marqué ma vie, mais elle m'a surtout permis de connecter tout ce passé à mes peurs, à mes angoisses, à mes difficultés présentes. Le fait de nommer et de raconter mon passé dans une langue qui évoquait pour moi essentiellement la réussite d'être, le changement et surtout l'épanouissement, contrairement à mon état de dépendance et d'impuissance qu'évoque pour moi ma langue maternelle, m'a fait découvrir une dimension nouvelle sur le double pouvoir de l'écriture dans ce contexte de réflexion sur soi. Pouvoir non négligeable puisque le français a été pour moi un moyen par excellence d'incitation à dire... à être à l'état «brut» sans nuances ni tournures.

Donc, DIRE son passé, écrire sur soi, se découvrir, se révéler, a sans contredit un impact prépondérant dans notre être le plus profond. Car prendre conscience des liens inextricables du passé dans le présent, cela change non seulement notre propre perception de nous-mêmes mais aussi celle des autres. Et c'est là, je crois, que réside le pouvoir transformateur du récit de vie: il nous oblige à nommer, à citer, à définir, à organiser ce passé laissé à l'état d'émotion et à construire cette trame intérieure qui donne du sens à notre passé-présent.

Le récit de vie: pourquoi et pour quoi?

IRÈNE PINEDA FERMAN
Universidad Centroamericana, Nicaragua

Pourquoi utilisons-nous les histoires de vie?

Leur enracinement culturel et existentiel
    Dans le cadre de notre recherche sur les ressources dont disposent les femmes pour faire face à la violence domestique, la pratique du récit de vie semble trouver deux ancrages: l'un culturel, l'autre existentiel.
    Culturel tout d'abord, parce que cette pratique s'y trouve dans son milieu naturel. Il faut tenir compte du fait que, dans un certain sens, le récit de vie fait partie de la culture orale de la société dans son ensemble, mais aussi de la culture particulière des femmes. Nous, les femmes, avons développé considérablement l'art de l'oralité dans l'espace social du privé, de l'intime, celui qui reste, dans les sociétés traditionnelles et même dans les sociétés modernes, un monde relevant du ressort des femmes, à la différence de l'espace public, qui reste contrôlé par les hommes.
    Au Moyen Âge, la parole des femmes était quelque chose qu'on ne pouvait pas écouter de la voix même des femmes (Régnier-Bohler 1990). Malgré le fait d'être pourvue d'une voix, la femme ne pouvait faire connaître sa propre parole que par les échos et les écrits des hommes.

Dans les mythes du Moyen Âge, la parole des femmes symbolise la situation de celles-ci à cette époque: «sa parole n'est pas autonome et le seul être avec lequel elle peut entrer en communication est Narcisse, mais Narcisse qui n'aime que lui, ne lui adresse même pas la parole. Tous les deux sont condamnés à l'intersubjectivité muette» (Mirreu 1987: 45). C'est dire que la femme n'a pas même le droit de parler à «son» ou à «sa» Narcisse. Ceci nous semble d'autant plus important que «le» ou «la» Narcisse touche de très près le regard sur soi-même, la propre image dans le miroir symbolique. L'estime de soi de la femme au Moyen Âge — et encore aujourd'hui —, ne lui permettait pas d'avoir un regard et une image positive d'elle-même.

Elle était donc amenée à se parler à elle-même, à partir d'elle-même. C'est le destin de la parole intérieure de la femme. Cette parole intérieure est très développée et permet justement que la femme colle beaucoup plus à son rôle maternel, en entrant en empathie avec son nouveau-né et en étant le miroir de son enfant, au moins pendant les premiers mois de vie (Winnicott 1975: 153-162). C'est là que beaucoup de femmes retrouvent leur liberté de parler à partir de leur parole intérieure, tout en étant d'abord le miroir de quelqu'un d'autre. Mais la femme, dès qu'elle est toute petite fille, ne demande qu'à être reconnue par et à partir de sa propre voix, ses propres paroles.

Outre l'ancrage culturel, le récit de vie a aussi un ancrage existentiel. On le retrouve dans les voix prisonnières des femmes. Comment ressusciter en dehors du silence ces voix mortes? Il faut savoir écouter ces voix à travers les expressions de soumission, et faire attention au contexte de l'émergence de la voix. Les récits de vie des femmes sont des témoignages irremplaçables. La femme illettrée se fait entendre à travers sa parole, à travers son récit, et à travers son jeu dans le drame de sa vie quotidienne.

C'est précisément dans ce contexte posé que devient possible le passage des récits de vie des femmes en psychodrame. Celui-ci peut se transformer, alors, en «récit-drame», dans le sens où le sujet est amené à raconter sa propre histoire de vie, pour en jouer ensuite certaines parties sur la scène. Ce passage plonge ses racines dans l'histoire du théâtre des femmes.

Il faut noter qu'au Moyen Âge, les femmes qui faisaient du théâtre, c'est-à-dire les femmes qui mettaient en jeu des scènes quotidiennes et qui parlaient sur la scène étaient mal vues. Plus récemment, le théâtre de l'époque moderne devint l'espace où les femmes pouvaient représenter sur scène tout ce qui leur était moralement et socialement interdit dans la vie de tous les jours. Déguisées et cachées derrière les rôles des personnages qu'elles pouvaient jouer, ces femmes offraient leur spectacle à un public qui était, paradoxalement, exclusivement masculin.

La scène était un espace qui permettait la prise de parole et la création de rôles qui ébranlaient les normes de conduite prescrites pour chacun des sexes. Le simple fait d'apparaître sur la scène et de parler, d'influencer par la parole et par l'action, mettait en question les modèles d'infériorité et de soumission présumés être ceux de la femme. La femme joue un rôle qui va remettre en question l'ordre social. À travers la parole et la mise en scène, la femme a une marge de manœuvre dont elle ne dispose pas dans la vie réelle.

On peut comprendre maintenant pourquoi le «récit-drame» devient un lieu de parole, mais aussi un lieu d'action où la femme peut s'affirmer elle-même.

Pour quoi utilisons-nous les histoires de vie?

Il y a deux dimensions aux récits de vie que nous voudrions souligner ici. L'histoire de vie, d'une part, prise comme instrument de recherche et, d'autre part, comme pouvoir émancipatoire[1].

L'histoire de vie prise comme instrument de recherche pour appréhender la réalité de l'autre est une méthode qualitative dont la démarche n'est pas aussi délimitée que celle des méthodes quantitatives (échantillonnage aléatoire, etc.). Cet aspect apparemment flou de l'histoire de vie peut donner un sentiment d'embarras: le fait de ne pas savoir par où commencer. Que faut-il faire exactement et comment finir? Il y a là un paradoxe: nous vivons, nous avons notre propre histoire et nous ne savons pas quoi faire lorsque nous sommes confrontées aux histoires de vie des autres. C'est comme s'il était dangereux d'entrer dans l'histoire de vie de l'autre ou plus encore d'«analyser» l'histoire de vie de l'autre. Quelle est la référence théorique la plus adéquate? Quelle est l'analyse la plus pertinente, la plus pure? Ce que nous observons chez l'autre n'est-il pas construit à partir et à travers notre propre histoire de vie? Pourtant, peut-être que la meilleure manière d'appréhender la réalité de l'autre est de «se laisser aller soi-même» dans ses sentiments, ses émotions, ses perceptions, ses intuitions, etc., sous l'élan de la spontanéité, si fondamentale dans le psychodrame (Moreno 1975).

En ce qui concerne les histoires de vie comme pouvoir émancipatoire, la question fondamentale est la suivante: «Comment le fait de raconter sa propre vie à quelqu'un d'autre peut-il produire un changement dans sa vie?» On peut croire qu'il serait possible de trancher cette problématique en mettant des limites catégorielles entre, d'une part, les récits de vie de recherche et, d'autre part, les récits de vie de formation ou d'autoformation. Ou encore, que la question est résolue à partir du moment où l'on établit un contrat de recherche avec le récitant. Or, lorsque nous sommes sur le terrain, tout cela ne semble pas évident, car il arrive que le chercheur travaille sur une thématique qui touche de près un point sensible chez le récitant, sans qu'il ne s'en rende compte. Parfois, en posant une question «naïve», l'interlocuteur peut faire bouger quelque chose chez celui qui se raconte sa vie. Voilà une situation bien gênante lorsque le chercheur ne s'attend pas à ce que le monde interne de l'autre bouge.

Est-ce que le récit de vie est alors un processus de formation pour celui qui se raconte sa vie et pour celui qui l'écoute? Carl Whitaker (1980) dirait que dans son travail, le thérapeute apprend, grandit avec et à travers les crises de son client. Il nous semble donc que le récit de vie est un processus de formation et, en même temps, un processus d'autoformation. C'est un travail sur celui qui se raconte sa vie, mais aussi un travail pour celui qui l'écoute. L'histoire de ce dernier est mise en mouvement et il y a un parallèle entre l'histoire de vie racontée et l'histoire de vie de celui qui l'écoute. Il peut y avoir certains points qui font écho chez l'interlocuteur du récitant. Il y a même des sentiments et émotions qui sont en syntonie. Il y a un travail à deux (ou à plusieurs) qui démarre. Voici le côté précieux des récits de vie: en donnant la parole à ceux et à celles qui n'ont pas eu l'occasion de l'avoir auparavant, nous nous la donnons à nous-mêmes.

Pineau (1987: 31) parlait de la schizochronie, dans le sens de coupure du temps. À notre avis, le récitant et son interlocuteur entrent dans une complicité unique et créent un espace dans lequel le temps s'écoule comme il veut. D'une part, il y a une sorte d'arythmie, dans la mesure où le temps s'accélère ou ralentit. Il y a aussi une espèce d'anachronie-diachronique dans le sens où le temps peut s'écouler de l'avant vers l'arrière, et à l'inverse, en faisant parfois des bonds, tout en restant en synchronie au niveau des émotions et des sentiments. Cette anachronie-dyachronique-synchronique marque un espace sacré entre le récitant et son interlocuteur, un espace symbolique et homéostatique à l'intérieur duquel on peut bouger dans tous les sens. Cette extraordinaire malléabilité du temps à l'intérieur du récit-drame permet au récitant de réciter, peut-être pour la toute première fois son propre récit de vie, inédit jusque-là, mais aussi avec l'aide de son interlocuteur de le re-réciter, de le re-élaborer, et ainsi de modifier sa propre histoire de vie et sa propre vie. Comme dirait Austin, dire son histoire est la faire en grande partie.

À notre avis, la clé du changement produit par le récit ne réside pas dans le fait d'établir un contrat, bien qu'il faille en établir un. Il ne s'agit pas non plus de départager les récits de vie en catégories différentes, mais de les placer dans l'espace symbolique et homéostatique créé entre le récitant et celui qui l'écoute, et dans les différents moments qui surviennent tout au long du récit et à l'intérieur de cet espace.

Nous essayerons de le montrer en présentant un cas concret, celui d'Ana.

Ana est une femme de classe moyenne qui approche la quarantaine. Elle a les yeux bleu-vert. Elle est petite, apparemment expressive, mais sa voix semble morte. Elle habite dans la maison parentale avec son mari et ses trois enfants. Son histoire de vie se place dans le cadre d'une recherche, un contrat a été établi à ce propos. Elle commence son récit en racontant la problématique familiale qu'elle vit ici et maintenant. Il faut bien commencer quelque part. Elle se raconte sa vie de couple et la maltraitance dont elle est objet.

> Lorsque mon mari me reproche quelque chose, il n'admet aucune justification. Il est inutile de lui dire que ce qu'il voit est vert alors qu'il dit que c'est rouge. C'est inutile. Il a une maîtresse depuis trois ans, mais il continue à habiter avec nous dans la maison de mes parents. Je ne le quitte pas parce que je l'aime et je ne souhaiterais pas que mes enfants restent sans père.

Pour parler de ses ressources, nous lui demandons ce qui lui a permis de tenir debout, de ne pas devenir folle après tout ce qu'elle a vécu. Elle répond: «J'habite la maison de mes parents tout en sachant que mes parents sont au courant de ce que je vis». Peut-être que cette question posée de manière pas tout à fait naïve a permis de mobiliser ses propres ressources. C'est peut-être là un des mouvements du processus qui induisent le changement au cœur du récit de vie: le fait de parler de ressources — ses parents en l'occurrence —, de mettre en mots ce qui est là, présent entre nous, de lui donner un nom, de lui permettre de découvrir et de faire usage de ses propres ressources pour produire les changements dont elle a besoin. C'est comme si nommer ce qui est déjà là, même de manière non verbale, permet à l'autre de reconnaître, de se reconnaître et peut-être aussi de naître autrement par et à travers son récit. «Lorsqu'on propose aux acteurs d'expliciter leurs réponses on favorise un rapport "Je-Tu", mais on suscite aussi chez eux une autoréflexion et on encourage le rapport "Je-Je" qui peut s'avérer émancipatoire» (Pourtois 1988: 113).

«C'est à partir de ma vie de couple que la maltraitance commence dans ma vie», raconte Ana. Plus loin, elle évoquera dans son récit, des situations enfantines qui feront appel à la souffrance corporelle et plus tard à la maltraitance.

> Je ne me rappelle pas mon enfance, j'oublie vite. Ma petite sœur me dit: «Tu ne te rappelles pas ceci ou cela et je ne m'en souviens pas». Je suis née en 1955. Mon enfance a été tranquille. Je n'ai pas beaucoup de conscience de mon enfance. Ma sœur se rappelle beaucoup plus de choses que moi. Je me souviens avoir eu un accident lorsque j'avais six ou sept ans, un accident d'auto. J'ai une cicatrice à l'oreille, le son ne pénètre pas très bien. Je me souviens aussi que je me suis brûlée lorsque j'avais cinq ans en jouant avec ma sœur, je voulais brûler ma sœur. Ma mère était dans la salle de bains, je me suis brûlée tout le corps. J'ai jeté une allumette que j'avais entre les doigts, lorsque j'ai entendu la moto de mon père arriver. Ma robe amidonnée au gaz s'enflammait. La domestique a dit: «La petite fille brûle». Alors, mon père m'a prise dans ses bras et s'est lui aussi brûlé les mains. Il y avait un voisin médecin, et c'est lui qui m'a soignée. Il m'a fait des piqûres. Il fallait me prendre de force pour me les faire car j'avais horreur des piqûres. Mes parents m'aimaient beaucoup. Ils travaillaient beaucoup. Ils n'avaient jamais de problèmes. J'étais en internat.

Ce qui semble capable de produire des changements serait le fait de se remémorer des souvenirs d'enfance, dans ce cas-ci liés à la maltraitance. Cette remémoration viendrait poser des nœuds sur ce fil qu'est l'histoire de sa vie. Plus tard, Ana découvrira comment ces nœuds se sont mis en place à certains moments de sa vie. Elle prendra ainsi conscience de comment la maltraitance a pris place dès son enfance.

Ma mère était toujours pressée. Je ne sais pas comment elle a fait pour s'occuper de nous tous. Je me rappelle qu'il y avait une porte dans le magasin, elle nous enfermait pour que nous ne puissions pas sortir. Elle nous mettait dans une chambre, et là elle nous apportait à manger; cela durait parfois un jour ou plus. Parfois, pour nous punir, elle nous mettait en file indienne, à genoux, et lorsque mon père arrivait, il nous battait. Mon père nous donnait de l'argent pour aller au cinéma, mais il fallait d'abord aller à la messe des enfants.

Un autre aspect important est le fait de «remarquer» certains mots pour soulever des thématiques qui leur sont collées, nommer les fantasmes. Dans le cas d'Ana, celui de la mort.

Je me souviens que lors de la mort de ma grand-mère qui était très affectueuse avec moi, j'entendais des bruits dans la nuit et je voyais une femme vêtue en blanc avec un feu. Et puis j'entendais le bruit d'un rocking-chair et je me suis dit: «c'est la mort qui vient me chercher», mais je l'ai sentie passer à côté de moi dans ma chambre et là j'ai su que la mort ne me cherchait pas. J'ai eu des insomnies pendant très longtemps.

Un autre aspect lié au changement réside dans le fait que le récitant définit lui-même son type de souffrance.

Ce n'est pas de la maltraitance physique, c'est du mépris, de la culpabilisation, de la part de mon mari. Mais aussi au niveau de ma famille. Si mes enfants cassent quelque chose, mes parents disent aux enfants: «Et ton père n'amène pas assez d'argent, il n'est même pas capable de clouer un clou!»

La maltraitance physique de la part de mon mari, ajoutera Ana dans son récit, remonte aussi plus loin. Une fois il a essayé de m'étrangler, me tuer mais il n'y est pas arrivé.

Un feed-back sur le ton de la voix, sur la manière dont la personne a dit une phrase peut aussi être porteur du changement. Et dans ce sens, l'enregistrement sur magnétophone s'avère important. L'enregistrement permet au récitant de ré-écouter sa propre voix et de revenir sur une partie précédente de son propre récit.

Je me suis disputée avec lui à cause d'un stylo qu'il avait reçu de sa maîtresse. Il s'est mis en colère et a voulu me frapper. Alors, je lui ai dit de s'en aller et ça a été difficile parce que je croyais qu'il ne le ferait pas. Il a pris certaines de ses affaires avec lui, mais pas toutes. Trois jours plus tard, il m'a appelée au téléphone pour me dire qu'il ne reviendrait pas, qu'il allait commencer un nouveau travail et que je devais prier

> Dieu pour que tout aille bien pour lui. Je lui ai dit: «Ne t'en fais pas, je prie toujours pour toi, pour que tout aille bien». Je me sens tranquille, j'ai un peu le cafard, mais j'arrive à le surmonter. C'est peut-être que je n'ai pas tout à fait pris conscience de cela. Je suis étonnée de moi-même, d'être si bien qu'il ne soit plus là. Avant, lorsque je pensais qu'il n'allait plus revenir, je pleurais; mais aujourd'hui ce n'est pas le cas. Je suis tranquille et cela me surprend. C'est comme si c'était moi qui décidais maintenant, et c'est moi.

Dans le ton de sa voix, on entendait la décision qu'elle avait prise, et les difficultés rencontrées pour la prendre. Malgré qu'elle ait dit maintes fois à son mari de s'en aller, elle n'était pas prête pour qu'il s'en aille. Sa décision était prise, mais il fallait être ré-entendue.

Le fait de mettre en évidence les rapports que la personne entretient avec son milieu et, surtout, avec les personnes significatives de son entourage, est aussi quelque chose susceptible de provoquer des changements dans la vie du récitant. Ces personnes, le curé dans le cas d'Ana, sont porteuses de valeurs qui constituent des ressources importantes pour aider le récitant à faire des choix qui peuvent changer sa vie.

> J'ai demandé au curé de ma paroisse si j'avais la permission de quitter mon mari, après lui avoir raconté tout ce que je souffrais avec lui. Et le prêtre m'a dit: «Personne ne peut vous obliger à continuer à vivre une telle situation, si votre mari quitte la maison peut-être va-t-il réfléchir. Je vous donne mon appui, vous avez fait tout ce qui était dans vos moyens pour sauvegarder votre mariage. Je suis de tout cœur avec vous». Cela m'a beaucoup aidé, je me sens plus légère.

En se demandant ce qui va se passer après dans sa vie, quels sont ses projets, Ana est amenée à faire une synthèse de sa vie, à prendre en mains sa propre vie et du coup à faire son projet de vie. Voilà à notre avis certaines des «choses» qui seraient susceptibles d'amener le changement dans le récit de vie au sein même de la relation récitant-interlocuteur.

Note

1. Habermas (1976) parle de l'intérêt d'émancipation. Nous avons repris son idée d'intérêt d'émancipation, dans le sens où celui-ci constitue un rapport de réflexivité du sujet sur lui-même (rapport «Je-Je»). Dans le domaine des sciences sociales, Bourdieu (1993) parle du processus d'«auto-analyse provoquée et accompagnée», qui suscite chez l'enquêté les questions posées par l'enquêteur.

Bibliographie

BOURDIEU, P. (dir.) (1993). *La Misère du monde*. Paris: Seuil.

FONTAINE, P. (à paraître). «Vue d'en haut vue d'en bas». *In* P. FONTAINE *et al.* (dir.) *La Connaissance des pauvres*. Louvain-la-Neuve: en préparation.

HABERMAS, J. (1976). *Connaissance et Intérêt*. Paris: Gallimard.

LEGRAND, M. (1993). *L'Approche biographique. Hommes et Perspectives*. Marseille: EPI.

MIZZAU, M. (1987). «Silence à deux voix». *In* L. IRIGARAY (dir.) *Langages 85: Le sexe linguistique*.

PINEAU, G. (1987). *Temps et Contretemps*. Montréal: Saint-Martin.

POURTOIS J.-P. et M. DESMET (1988). *Épistémologie et instrumentation en sciences humaines*. Liège: Mardaga.

RÉGNIER-BOHLER, D. (1990). «Voix littéraires». *In* G. DUBY et M. PERROT (dir.) *Histoires des Femmes*. Tome II. Roma/Bari: Gius/La terza/Figli Spa.

WHITAKER, C. et A. NAPIER (1980). *Le Creuset familial*. Paris: Robert Laffont.

WINNICOTT, D.W. (1975). *Jeu et Réalité*. Paris: Gallimard.

Conter, raconter, confier, s'accomplir
Les récits de vie écrits des personnes aînées

JEAN-LOUIS LEVESQUE
Directeur, Programmes de formation continue des aînés
Université de Sherbrooke

Le début d'observation et d'interprétation des récits de vie des personnes aînées dont il est ici question, bien modeste comme sont modestes presque tous les débuts, fait suite à la proposition de présenter un kiosque sur ce thème lors du colloque sur les histoires de vie dont cette publication fait état. Il s'agissait d'un «poster session». De fait, trois «posters» furent affichés; une auteure accompagna son manuscrit; un second manuscrit fut offert à la consultation et à la curiosité. Il ne sera pas fait état ici, *in extenso*, des conversations qu'a provoquées cette présentation mais plutôt d'une première vue organisée ou d'une vue synthétique bien que sans prétention d'être exhaustive du phénomène des récits de vie écrits des personnes âgées au Québec.

Les récits de vie des personnes aînées: une vieille nouveauté!

La préoccupation des récits de vie écrits des personnes âgées existe depuis une dizaine d'années à l'Université du troisième âge de Sherbrooke. Plusieurs manifestations de cette préoccupation ont vu le jour de-ci de-là. La mise en faisceau de ces manifestations permet d'en apprécier de plus en plus la signification. C'est à partir de cet intérêt local que l'observation s'est déployée au point d'être en mesure de constater que l'intérêt a une portée nationale. On retrouve des éléments de ce phénomène à travers l'histoire récente du Québec et dans toutes ses régions. Mais l'observation du phénomène n'est pas encore formalisée. Il y aurait bien là un chantier pour des recherches systématiques d'étudiants aux études avancées.

Il faut distinguer entre récit de vie et autobiographie. Il y a toujours eu des récits autobiographiques au Québec. *La détresse et l'enchantement* de Gabrielle Roy serait mal classé dans la catégorie des récits de vie écrits mais à sa place dans le genre autobiographique. Il ne s'agit pas de faire verser la masse de la littérature autobiographique dans le genre encore mal défini du récit de vie. Mais on ne peut qu'observer les racines, de plus en plus nombreuses, du récit de vie dans notre culture. Il en est ainsi de cette publication intitulée *Un ancien contait* de Damasse Potvin. Le récit ne fut pas un succès de librairie et à part sa distribution aux écoliers méritants par le surintendant de l'éducation publique d'alors, il n'eut pas trop de diffusion. Mais il a existé à une époque où on écrivait peu et publiait peu! *Un ancien contait* est le témoin de la frontière et du passage du récit oral au récit écrit. Dieu sait si on a aimé raconter et si on a raconté sa vie au Québec. On l'a beaucoup fait oralement, moins par écrit. La préoccupation de faire un récit de vie écrit et de le publier se fait de plus en plus apparente comme en font foi les publications elles-mêmes de tels récits et la fréquentation des ateliers d'écriture cherchant à répondre à ce désir de se raconter par écrit.

Le phénomène des «récits de vie écrits» des personnes aînées a reçu un appui inattendu de l'Institut québécois de recherche sur la culture il y a déjà une dizaine d'années. L'Institut offrait un support financier à des jeunes qui seraient en mesure d'interviewer une personne âgée, d'enregistrer l'interview et de la mettre par écrit. Ce programme a-t-il porté fruits? Qu'il ait existé suffit pour l'instant à mettre en évidence l'intérêt porté au phénomène. L'intérêt pour les ateliers d'écriture offerts par l'Université du troisième âge de l'Université de Sherbrooke supportant les personnes aînées dans la rédaction de leur récit de vie est un signe non moins évident de cet intérêt. À ces signes, il faut ajouter la relative popularité des ateliers qui pourraient être qualifiés de plus corsés et méthodiques, offerts également par l'Université du troisième âge. Ces ateliers sont offerts, épisodiquement, sous le joli titre de *Sa vie comme une histoire* et appliquent la méthode Ira Progoff.

Une activité nationale: le cas de la Finlande

La Finlande est bien loin d'ici! Mais le pays ressemble tellement au nôtre. Il y a, en Finlande, une Université du troisième âge d'étendue nationale. Dans cette université et dans ses départements d'éducation des adultes répandus à travers le pays, il y a un programme dont l'objectif est la revitalisation du rôle de citoyen des personnes aînées et en particulier des femmes. Le mot anglais qui convient à l'expression de l'objectif poursuivi est le mot «empowerment». Les groupes de récits de vie méthodiques sont un des moyens privilégiés et largement mis en œuvre, avec satisfaction, pour atteindre ce résultat. Des méthodes et des itinéraires ont été mis au point et le phénomène est de plus en plus observé et analysé. L'histoire de vie, individuelle et collective, se révèle être un puissant instrument d'appropriation du rôle de citoyen et citoyenne aînés.

Quelques cas d'espèce... plus près de nous

Deux manuscrits furent présentés à l'occasion de ce «poster session». Ce sont d'authentiques histoires de vie mais qui représentent deux formes typiques et très différentes. La première se présente comme l'histoire de vie de grand-maman. L'encadré de la page suivante présente d'une façon très originale cette forme d'histoire de vie. Elle est destinée aux petits-fils et petites-filles, même si certains de ceux-ci ont déjà atteint la majorité civile. L'auteure poursuit explicitement un double but: transmettre à ses descendants et descendantes la connaissance de ce que fut la vie avant elles et eux. C'est un objectif d'héritage. Pour le redire dans les jolis mots et la profonde pensée de Fernand Dumont, c'est *Pour l'avenir de la mémoire* (1996). La vie quotidienne y est décrite et illustrée par des photos et en particulier des photos des autres. Mais l'auteure y poursuit

Une grand-maman garde-mémoire

Marie-Sybille Coppée-Aboussouan
Étudiante, Département de psychopédagogie et d'andragogie
Université de Montréal

Mme Langevin a perdu sa mère très jeune; elle partageait avec ceux qui s'étaient agglutinés autour d'elle comment cette souffrance avait engendré en elle la prise de conscience douloureuse que la mère, c'est celle qui, d'une part, donne la vie et qui, d'autre part, garde la vie de ses enfants au creux de sa mémoire. En être privée brusquement, c'est un peu perdre sa vie et sa mémoire... Au creux de cette douleur d'enfance était né un serment intérieur que lorsqu'elle deviendrait mère à son tour, elle garderait en elle et autour d'elle toutes ces traces (anecdotes, dessins, cahiers, lettres...) qui comme des petits cailloux blancs lui permettraient de restituer à chacun, un jour, la mémoire maternelle de sa vie... Elle parlait même de continuer pour ses petits enfants!

Il m'a semblé que Mme Langevin, se transformant ainsi en maman, en grand-maman garde-mémoire, en travaillant à recréer à l'intérieur d'elle l'histoire de sa maternité pour devenir l'auteur de sept cadeaux personnalisés, se faisait aussi à elle-même un magnifique cadeau. J'ai en effet senti le cadeau de l'accomplissement réalisé par cette création multiple et unifiante dans sa propre histoire de vie.

J'ai deviné le cadeau de joie et de paix intérieure ressenties lorsque l'on peut laisser en héritage des traces de ce que le temps et les liens ont inscrit au fil d'une vie familiale dont elle a pu être acteur et témoin privilégié, parce qu'affectivement impliquée. J'ai deviné aussi, par résonance bien sûr, combien la réalisation concrète et achevée de son serment de petite fille avait opéré en elle une prise de pouvoir sur les circonstances, même tragiques, de sa vie.

En rentrant à Montréal j'ai rencontré sa petite fille Véronique, que je connaissais depuis longtemps sans rien savoir de sa grand-mère. Je lui ai parlé de ce qui m'avait tant impressionnée chez celle-ci. Et c'est le plus calmement du monde que Véronique m'a raconté comment, grâce à sa grand-maman, elle gardait, depuis toute petite, les moindres traces de son enfance, de son adolescence... pour, me dit-elle, pouvoir raconter et montrer à mes enfants comment c'était dans mon temps!

J'ai pensé alors que l'histoire des récits de vie n'avait rien d'anodin dans nos vies, que ses possibilités en sont infinies et se créent à l'intérieur même des histoires de vie de leurs auteurs, et que son goût, une fois partagés semble naturellement contagieux!

Cette rencontre fut pour moi un appel autant qu'un grand souffle de jeunesse. Merci à madame Langevin!

un autre objectif. Elle ne s'enfuit pas dans un passé révolu. Les mots qui suivent sont d'elle et ont été longuement pesés: «C'est pour m'accomplir que je fais cela». Cette expression fait rêver. Elle vaut à elle seule un long traité sur les objectifs des récits de vie des aînés. Le temps n'est plus aux objectifs mais à la réalisation. C'est pour cela que l'auteure écrit: communiquer ce qu'elle est puisque son passé l'habite encore mais pas exclusivement. Elle est plus que son passé mais ce dernier lui est indispensable à son accomplissement. Elle prépare un héritage et cet héritage véhicule entre autres choses le récit de son accomplissement.

Le second manuscrit présenté à la curiosité des promeneurs avait pour titre *Le tour de ma vie en 80 ans* de Marguerite Lescop. À cette époque, le manuscrit n'avait pas encore été publié. Moins de personnes s'y sont arrêtées. Il est fort probable qu'elles ne fassent pas encore le lien entre le manuscrit présenté au colloque des histoires de vie et ce qui est devenu le best-seller de l'année 1996 au Québec (plus de 22 mille exemplaires vendus). Le premier public qu'avait en tête l'auteure était son abondante famille. C'est la famille qui a poussé sur l'auteure et même rendu possible l'édition de son manuscrit. La famille lui a offert l'édition de son manuscrit en cadeau de quatre-vingtième anniversaire. La dimension héritage est présente au sein du projet de l'auteure. Il est une autre dimension qui est aussi présente: écrire. Écrire pour écrire, pour conter, pour raconter.

Une qualité littéraire est commune aux deux récits: la concision. Ni l'un ni l'autre n'allonge ses récits ou ses descriptions. Les sentiments sont affirmés sans commentaires. La lecture en est facilitée et stimulée car sans cesse projetée vers l'avant. Aucune des deux auteures n'avait au préalable produit d'écrits de cette cohérence et de ce volume. L'écrit de madame Lescop répond sans doute à d'autres intentions que l'intention d'héritage, mais ces intentions n'ont pas été dévoilées.

Pourquoi le récit de vie écrit chez les personnes aînées?

Le récit de vie écrit chez les personnes aînées a une couleur particulière qui lui vient de la position de la personne aînée sur l'échelle du temps. Il n'est plus temps d'acquérir des compétences professionnelles à moins qu'elles ne favorisent ce qui est essentiel: assumer sa vie, en déployer les sens ou comme le dit l'auteure du manuscrit brièvement présenté ci-avant: s'accomplir. Le rêve ou désir d'accomplissement est le mobile qui englobe finalement tous les autres même si ces autres peuvent l'avoir précédé dans le temps et la causalité.

Un second mobile est celui de l'héritage. Écrire pour transmettre un héritage culturel à des êtres aimés. Les aînés d'aujourd'hui ont souvent conscience d'avoir vécu à une époque d'accumulation des changements de tous ordres et à une époque où la synergie de ces changements a bouleversé l'ensemble des conditions de la vie humaine. Les plus âgés ont passé leur enfance à l'époque de la pré-électricité. La télévision n'est intervenue dans leur vie qu'à l'âge adulte. Les aînés ont conscience de porter en eux la mémoire vive d'une époque préindustrielle et pré-urbaine de la culture. La constatation que leurs petits-enfants sont immergés dans une mer d'informations quotidiennes qui dépasse beaucoup leur capacité d'absorption inquiète les grands-parents. Aussi, aimeraient-ils leur léguer en héritage le souvenir vivant d'un temps qu'ils n'ont pas connu mais qui est si près d'eux.

Un troisième mobile se retrouve aussi parmi les rédacteurs de récit de vie: s'accomplir en devenant écrivain ou écrivaine. C'est un mobile de croissance personnelle et d'accomplissement. L'importance de l'écriture et la notoriété d'écrivain ont meublé l'imaginaire des aînés un tant soit peu scolarisés. Être capable d'écrire fut un rêve pour plusieurs et est peu à peu un regret, une nostalgie. Presque tous savent qu'ils ne réussiront pas comme romanciers. Il y en a déjà trop. Mais le témoignage d'une vie qui s'est éteinte en l'espace de moins qu'une durée de vie humaine fait un sujet unique. Il y aura toujours un lecteur parmi les amis ou les membres de la famille.

Il existe un quatrième mobile identifiable à ce point: assurer l'emprise sur sa vie, se l'approprier. C'est l'objectif qui est mis de l'avant par les ateliers, en particulier ceux qui appliquent la méthode d'Ira Progoff. C'est l'objectif induit et poursuivi par les groupes d'histoire de vie en Finlande. Souvent, dans ces ateliers, autre est le narrateur et autre l'écrivain. Mais il y a toujours un produit écrit.

Les formes du récit de vie chez les personnes aînées

On peut observer que les récits de vie revêtent les formes suivantes:
1. Format individuel:
    – Autobiographie
    – Mémoires pour héritage culturel
    – Journal plus ou moins intime pour fin de croissance personnelle

2. Format collectif:
   - Mémoire d'une époque par accumulation de souvenirs sur un même sujet
   - Mémoire d'une situation spécifique par exemple l'exercice d'un artisanat ou l'exercice de telle fonction sociale, etc.
   - Processus interactif de croissance psychologique et sociale
   - Processus éducatif en vue d'exercer une certaine emprise sur son développement et de s'approprier ce développement et l'exercice des rôles sociaux indispensables à une certaine autonomie de citoyen et de citoyenne
3. Format individuel et collectif: une allée et venue des deux formats précédents

Des environnements facilitants

Le récit de vie peut être réalisé dans plusieurs environnements. Il n'est pas nécessaire de penser à l'isolement romantique de l'écrivain en rupture de société pour exercer une mission terriblement exigeante et solitaire! Il n'est pas nécessaire de penser au chef-d'œuvre non plus. Plusieurs récits de vie écrits l'ont été dans l'un ou l'autre des environnements suivants:
1. Travail solitaire autonome
2. Travail autonome enrichi de la participation à un atelier d'écriture
3. Travail autonome et participation à un groupe de lecture et de rédaction
4. Atelier dirigé selon une méthode reconnue.

Depuis le colloque

Les histoires de vie écrites par les aînés continuent leur chemin. Plusieurs travaux sont en cours qui ont été portés à ma connaissance. On sait le succès qu'a connu *Le tour de ma vie en 80 ans*. À l'Université du troisième âge de Sherbrooke, les ateliers d'écriture sont florissants et il s'est développé un atelier orienté vers la création d'un héritage culturel. Un atelier de rédaction d'histoires de vie est en germination. La conjoncture reste favorable car les aînés de plus de soixante-dix ans sont les porteurs uniques d'une expérience culturelle qui sera à peine compréhensible dans dix ans. Bien peu ont de la vie individuelle et collective une mémoire de ce que fut la vie à l'époque des routes de terre, sans électricité, sans frigo, sans télé, sans magnétoscope, sans grille-pain, sans chauffage électrique, sans automobile chauffée, confortable et rapide, sans avions et voyages annuels en Floride, sans oranges et maïs à l'année longue, sans mariages (ou ce qui y tient lieu) successifs... sans... sans... C'est si peu imaginable qu'il vaudrait peut-être mieux en conserver la mémoire! «Pour l'avenir de la mémoire», écrit Fernand Dumont.

Bibliographie

DUMONT, F. (1996). *Pour l'avenir de la mémoire*. Sainte-Foy: Presses de l'Université Laval.
LESCOP, M. (1995). *Le Tour de ma vie en 80 ans*. Montréal, à compte d'auteur.
ROY, G. (1984). *La Détresse et l'enchantement*. Montréal: Boréal Express.

Les autobiographies de Marie Guyart de l'Incarnation au crible de l'interview: conséquences pour l'intervieweuse

FRANÇOISE DEROY-PINEAU
Journaliste et écrivaine

Après avoir retracé, recueilli, accompagné, rédigé des histoires de vie, une surprise m'attendait: chacun de ces travaux m'a amenée sur un chemin intérieur — et pas forcément conceptuel — imprévisible: essentiellement, les travaux sur Marie Guyart-de l'Incarnation. En première partie, on présentera le contexte des autobiographies de Marie Guyart de l'Incarnation. On leur appliquera, en seconde partie, les cinq questions essentielles de l'interview pour essayer de dégager en quoi ces histoires de vie ont transformé Marie et/ou son entourage. En troisième partie, on essaiera d'exprimer en quoi ces histoires de vie ont transformé celle qui les rédigeait.

En guise d'introduction: pigistes, hors-la-loi et saintes

Les péripéties de la vie ont placé des acteurs très différents dans le champ de ma lunette d'observatrice des parcours sociaux. Ils ont en commun d'avoir un trajet social bifurquant, mais appartiennent à trois sphères dissemblables.

Un aspect du journalisme a été envisagé à partir d'histoires de vie de journalistes pigistes. Ce que j'étais dans les années quatre-vingt. Il s'agit de biographies thématiques recueillies auprès de collègues ayant limité leur récit — selon notre entente préalable — aux péripéties d'une vie professionnelle «indépendante», c'est-à-dire très dépendante des aléas du marché du travail (Deroy 1981). Les pigistes, en effet, naviguent aux frontières des institutions et ne peuvent que difficilement développer une dynamique personnelle originale[1]. Un échantillonnage représentatif a répondu à une question: pourquoi vous, qui vous destiniez à une autre carrière, avez-vous choisi cette forme aléatoire de travail sur contrat à durée limitée[2]? Les conséquences de ces interviews sur l'intervieweuse n'ont pas été analysées. Autant qu'on puisse les observer *a posteriori*, elles se sont surtout avérées professionnelles — c'était la première fois que les pigistes étaient objet d'étude — et conviviales, car les intéressés furent heureux de s'exprimer.

Quelques années plus tard, le passage de la vie carcérale à une vie sociale a été appréhendé. C'était à la suite d'une enquête sociologique d'une certaine envergure. Cette recherche, partiellement quantitative, contenait aussi un volet «histoires de vie». Un ex-détenu, ex-hors-la-loi, satisfait du traitement réservé à ses propos sur la formation en prison, m'a demandé d'écrire l'histoire de sa vie qui aurait dû se terminer derrière les barreaux et, paradoxalement, y a découvert un tremplin pour un nouveau départ. J'ai été intéressée à saisir de l'intérieur son trajet social très bifurquant (Deroy et Lemay 1985). Cette autobiographie «réhabilitante» et accompagnée n'a pas été sans conséquences, autant sur lui que sur moi. Résumons en disant que trois gros problèmes ont été à traiter; premièrement, celui des relations homme/femme dans le cas de l'élaboration du récit de vie de l'un recueilli par l'autre; deuxièmement, la confrontation avec la grande pauvreté; troisièmement, la question de l'auteur du récit (celui qui raconte ou celle qui écrit?). Le traitement de ces questions ne sera pas développé ici puisqu'il a fait l'objet d'un autre article (Deroy 1986).

Les aléas de l'Histoire m'ont conduite à une autre extrémité sociale: les glorieuses pionnières du Québec, souvent statufiées. Elles ont «croisé» mon itinéraire dans la mesure où, comme elles, j'ai dû — je dois toujours — traverser l'Atlantique pour réaliser mon projet de vie. Ainsi, les parcours respectifs de Marie Guyart, dite de l'Incarnation, de Madeleine de La Peltrie et de Jeanne Mance m'ont permis d'observer comment ces femmes, déterminées à suivre leur instinct profond, ont réussi, en mettant en action leurs réseaux sociaux, à contourner les obstacles qui auraient dû les empêcher de quitter l'ancienne France pour franchir l'océan et devenir fondatrices à Québec ou à Montréal. *Marie de l'Incarnation* (1989) a été rédigé à partir de deux autobiographies, d'une abondante correspondance, d'une *Vie* par son fils et de documents historiques sur le XVIIe siècle en France et en Nouvelle-France. *Madeleine de La Peltrie* (1992) a été actualisé en se fondant sur des documents historiques ou des recherches sur l'époque concernée. *Jeanne Mance* (1995) a été mis en perspective essentiellement d'après les récits d'une témoin très proche (Marie Morin) et d'un confident (Dollier de Casson), sans oublier les ouvrages d'historiens et les travaux récents de chercheurs sur l'époque concernée. Dans ces trois cas, les problèmes inhérents au recueil de vie d'une contemporaine étaient donc évités et l'on pourrait supposer que de telles biographies sont peu «transformantes» pour celle qui les recueille et les fait revivre par une nouvelle écriture.

Curieusement, morte ou vive, chacune m'a transformée à sa manière, du seul fait que je côtoyais de près son parcours. Il ne faudrait pas croire que le temps est un gouffre infranchissable. Mes aventures avec Marie Guyart de l'Incarnation le prouvent. L'être vit à travers les traces qu'il laisse. Les autobiographies de Marie résonnent et permettent de constater non seulement que ce genre n'est pas nouveau, mais qu'il constitue une opération vitale utilisée à d'autres époques. La nouveauté, par contre, réside dans la prise de conscience d'un fait: le travail sur certaines biographies historiques est générateur d'effets personnels aussi vifs que l'accompagnement d'une autobiographie contemporaine. La Vie peut aussi passer à travers la lettre. Un témoignage écrit peut être aussi provocant qu'une vie «vivante». La Vie va chercher des zones de l'être qui sont au-delà de la rationalité du fait.

Les deux autobiographies de Marie Guyart: le contexte

Marie Guyart[3] est connue sous le nom de Marie de l'Incarnation, à la fois comme religieuse-ursuline et comme pionnière de la Nouvelle-France, étonne tout autant comme mystique que comme femme d'action. Née à Tours en France en 1599, elle traverse les trois-quarts du XVIIe siècle avec une détermination soutenue par un puissant dessein: épouser le mouvement de son «moteur intérieur» ou, autrement dit, suivre son «divin époux» — ce qui, pour elle, revient au même. Cela la conduit vers des territoires insoupçonnés tant au niveau sociologique que psychologique ou géographique. Née d'un couple d'artisans boulangers, elle est imprégnée dès le berceau, comme la plupart des gens de son époque, par les pratiques catholiques. Ses parents la marient à dix-sept ans. Deux ans plus tard, elle est veuve et mère de Claude Martin, le fils à qui elle écrira une abondante correspondance. C'est alors qu'elle entame une démarche mystique et décourage tout prétendant au remariage. Elle mène alors parallèlement à ce cheminement exceptionnel — et mis à part quelques mois de réclusion passés à broder chez son père — une vie très active dans l'entreprise de transports de son beau-frère. Entrée au bas de l'échelle, elle en devient gérante et s'implique dans la vie sociale de Tours. Malgré le déchirement causé par la rupture du lien mère-fils, lorsque ce dernier atteint l'âge d'entrer au collège (douze ans), elle le confie à sa sœur, laisse les affaires de son beau-frère et se dirige sans dot chez les Ursulines, un nouvel ordre religieux chargé d'une vocation alors originale: l'éducation des filles. Elle y vit une période de remise en question. La rédaction d'une première autobiographie la replace sur ses pompes.

C'est alors que le dessein de partir outre-Atlantique va surgir progressivement. Religieuse cloîtrée, elle pense d'abord se consacrer à la prière pour les Amérindiens de Nouvelle-France dont elle reçoit les nouvelles sous la forme des *Relations des jésuites*. Peu à peu, elle réalise qu'elle devra se déplacer elle-même. Dans un premier temps, elle demeure discrète sur son projet qui s'avère pour son entourage un non-sens socio-culturel et lui attire des oppositions puisqu'elle est femme, cloîtrée, d'origine modeste, provinciale, roturière. Mais le désir se fait pressant. Elle se décide donc à parler et convainc presque malgré elle quelques personnes-clés qui l'aident à contourner des obstacles majeurs. Après avoir mobilisé les ressources de ses réseaux sociaux — en activant des liens qui se trouvent porteurs de mouvements sociopolitiques innovateurs, elle finit par s'embarquer le 4 mai 1639, avec Madeleine de La Peltrie, sa bailleuse de fonds aussi généreuse que non-conformiste.

Ces dames débarquent à Québec où naît une nouvelle colonie de quelques dizaines d'habitants. Marie y déploie une activité intense, partagée entre l'éducation des jeunes filles amérindiennes et françaises, l'assistance aux Amérindiens, la fondation de la communauté des Ursulines de Québec, une abondante correspondance et un rôle de conseillère de plus en plus grand auprès des habitants de Québec et de la Nouvelle-France, à commencer par des jésuites et des administrateurs. Elle doit souvent s'opposer à des personnalités parfois très proches, dont elle ne partage pas le point de vue et qui ne saisissent guère sa vision socio-politique clairvoyante.

Au milieu de ce tourbillon, son fils devenu adulte lui demande instamment de rédiger une seconde autobiographie. Ce ne sera pas sa dernière œuvre. Plusieurs fois alitée, elle écrit catéchismes, grammaires et dictionnaires en algonquin, montagnais, ouendat et iroquois. Un «flux hépatique» l'emporte le 3 avril 1672. Elle est, par ailleurs, considérée comme une des plus grandes mystiques connues (Oury 1980).

Au cours de cette vie aventureuse, Marie Guyart a donc par deux fois, été pressentie pour écrire une autobiographie. À l'âge de trente-quatre ans, en 1633, et vers cinquante-cinq ans, en 1654. Ces deux autobiographies — rédigées à deux étapes de sa vie, pour deux interlocuteurs distincts, avec deux objectifs indépendants, aux effets différents — possèdent l'une et l'autre des caractéristiques d'opérations insérées, par différents liens et des personnes-relais, dans les courants sociaux les plus vivants de son époque. Elles témoignent, d'une part, de l'inscription de leur auteure dans un réseau social touffu et varié et, d'autre part, du rôle formateur de ce réseau.

Pour déceler rapidement l'influence que la rédaction de ces autobiographies a pu avoir sur Marie, nous les avons, d'une manière très exploratoire, «interviewées» à l'aide des questions déjà traditionnelles de Lasswell (1948). Cet observateur états-unien de l'information propose aux communicateurs de décrire une action afin d'en faire part, à partir des réponses aux questions dites «des 5 W»: qui dit quoi? à qui? par quel canal? avec quel effet (*Who says what? to Whom? in which channel? with what effect?*)? Une analyse plus fine de notre matériel nécessiterait évidemment de se référer aux sources avec plus de précision[4]. Nous tentons ici de résumer brièvement les réponses que nous estimons pouvoir tirer des questions posées aux textes de Marie.

Les cinq questions essentielles de l'interview

Qui dit quoi? À qui?

Il s'agit de Marie Guyart-de l'Incarnation. Que dit-elle? Laissons-la s'exprimer alors qu'elle rédige un premier jet de ce qui sera l'autobiographie de 1654 dans une lettre adressée à son fils. Nous lui attribuons les mêmes intentions lors de la rédaction de sa première autobiographie, celle de 1633:

> je parle de toutes mes aventures, c'est-à-dire non seulement de ce qui s'est passé dans l'intérieur, mais encore de l'histoire extérieure... mes actions, mes emplois... je parle des choses simplement et comme elles sont. (1971 [1653]: 515)

À qui parle-t-elle? À qui adresse-t-elle ces récits de vie? Les circonstances sont tout à fait différentes dans un cas et dans l'autre.

En 1633, Marie s'adresse à un personnage que l'on nommerait «intervenant-consultant» en notre époque, Georges de La Haye (1586-1652), un jésuite qui a donc 47 ans en 1633, alors que Marie n'en a que 33. Monastères et paroisses invitent cet homme d'expérience à prêcher des retraites. Son expertise spirituelle et humaine inspire confiance. À cette époque, Marie est entrée chez les Ursulines depuis deux ans. Après quelques temps de repos «idyllique» — toutefois troublé par les chahuts menés à l'extérieur du monastère par son fils Claude Martin et ses galopins d'amis — Marie est assaillie de tentations. Des idées de suicide, la démotivation, l'athéisme, la sexualité la harcellent. Elle confie le tout à son invisible «divin époux», ne sombre pas vers l'actualisation des images tentatrices, mais maigrit à vue d'œil et souffre de violentes migraines. La supérieure s'inquiète et lui conseille de se confier à l'expert de passage. C'est Georges de La Haye. Ce dernier n'est pas censé en rendre compte à qui que ce soit. Il demande à Marie d'écrire en toute liberté un récit de vie qui tombera sous le secret du consultant. Ce genre, très pratiqué par les jésuites de l'époque, est parent de la confession (*cf* St Augustin). Cela s'inscrit dans un courant — alors émergent et contesté — d'autonomie intellectuelle, spirituelle, religieuse.

En 1654, les circonstances sont tout à fait différentes. Marie est, dirait-on aujourd'hui, en plein «boom» d'activités depuis son arrivée à Québec en 1639. Quand elle ne dirige pas le monastère, elle en gère les finances et, de toute manière, occupe une bonne partie de ses journées à recevoir au parloir habitants, fonctionnaires ou Amérindiens, tandis qu'elle consacre ses nuits à une correspondance-fleuve (les experts avancent le chiffre de 600 à 700 lettres par an en cette période). Depuis cinq ou six ans son fils insiste pour qu'elle lui rédige un récit de vie. Finalement le jeune homme est entré chez les Bénédictins en 1641. Tout à fait à l'aise dans sa bure monastique, il est devenu un brillant intellectuel doublé d'un authentique mystique. Vers 1650, il a trente ans, prêche des retraites, se confie à sa mère dont il reçoit les plus belles lettres. Et il découvre ainsi une exceptionnelle personnalité humaine et spirituelle que l'enfant qu'il était ne soupçonnait pas. Il est donc amené à demander à Marie de l'Incarnation une autobiographie pour la mieux comprendre et la faire connaître. Ce travail est une charge supplémentaire pour celle qui prend à peine le temps de dormir. Mais son conseiller spirituel et principal confident du moment, un autre jésuite qu'elle tient en très grande estime, le père Jérôme Lalemant, insiste pour qu'elle réalise cette tâche. Elle s'attelle donc à la rédaction d'une très longue lettre. Dans ce cas, l'autobiographie est parente de la correspondance[5]. Mère Saint- Athanase, son *alter ego* comme supérieure ou «dépositaire» (intendante), selon le cas, recopie le texte pour en conserver un double. Ce qui en souligne l'importance.

On constate qu'un réseau s'est constitué autour de ce récit: un fils insiste pour l'obtenir de sa mère. Un confident renforce la demande et obtient sa réalisation. Une amie participe à sa manière. Notons que l'appartenance à un réseau d'amis-es et de confidents-es semble une condition nécessaire pour l'écriture d'une autobiographie; comme, d'ailleurs, pour la formation (Deroy à paraître). Il en sera de même pour la diffusion du texte. Mais abordons auparavant certains aspects des conditions d'écriture.

Par quel canal?

Qu'elle soit écrite sur l'avis d'un consultant ou comme une lettre à son fils, ou dans d'autres circonstances — commande d'un éditeur, demande d'un descendant, opération de formation, désir de faire connaître ses expériences ... —, il y a toujours des transactions entre celui ou celle qui passe la commande et celui qui écrit. Que ce soit explicite ou pas, il existe bel et bien une sorte de contrat, d'abord pour clarifier ce qui sera écrit et ensuite, s'il y a lieu, pour le publier. Encore une fois, dans le cas des autobiographies de Marie, le «canal», c'est-à-dire ici les conditions d'écritures sont de type différent.

Pour le récit de 1633, une négociation a lieu entre Marie et Georges de La Haye pour trouver des catégories. Marie veut exprimer ce qu'elle estime être ses péchés. La Haye ne les lui demande pas. Elle ne fait pas exactement ce qui est proposé et écrit le livre des «grâces» qui, loin d'être un récit désincarné, rapporte à la fois des expériences de type mystique et leur contexte concret (La Haye le conserve) *et* celui des «péchés» (La Haye le brûle). On ne connaît pas d'autres traces d'interactions.

En ce qui concerne le récit de 1654, dom Claude Martin, ayant reçu le manuscrit, pose quelques questions complémentaires. Marie répond. Ce que dom Claude nomme le «supplément». Il conserve précieusement ces textes avec les autres lettres de sa mère qui, chaque année, complètent la biographie.

À la mort de Marie, Claude Martin est confronté à un problème toujours actuel: la publication. Il retrouve le récit de 1633 et entreprend de rédiger une vie de sa mère, fusionnant tous ces textes et ajoutant ses commentaires personnels quand il le juge opportun. Il hésite entre plusieurs méthodes de travail: rédiger lui-même une synthèse, utiliser les textes de sa mère; mais comment? Il opte pour une solution mixte, choisit des phases temporelles, introduit à leur place chronologique les coupures correspondantes du récit de 1633 et ajoute au fur et à mesure ses commentaires.

Les autobiographies ne peuvent pas être de pures transcriptions. La publication introduit toujours des transformations. Il y a toujours un travail d'édition. Cela pose de gros problèmes. Il ne suffit pas d'obtenir un texte, il faut pouvoir le communiquer en termes recevables. C'est au cours de ce travail de préparation à la communication que la personne qui écrit un nouveau texte, cherchant à mieux comprendre et à actualiser, est métamorphosée par l'autobiographie de (ou les lettres, ou les témoignages sur) la personne-objet de son écriture.

En tant qu'éditeur, Claude Martin, comme quiconque retravaille un texte, n'est pas seulement canal de diffusion, il est travaillé par le texte et devient ainsi co-auteur, d'autant plus qu'il ajoute ses commentaires dans le produit final, la *Vie* (1677). Cette *Vie* en dit plus que le strict récit, parfois hermétique et non publiable tel quel. L'éditeur a dû faire des choix qui seront controversés. Ses options seront critiquées.

Le travail sur un récit de vie est d'autant plus difficile que celui ou celle qui vit la vie en question sait moins bien s'exprimer. Pour beaucoup, l'écriture sociale s'apprend et nécessite souvent de l'aide. En ce qui concerne Marie, elle savait fort bien s'exprimer. Mais des détails manquaient. Dom Claude en a ajouté quelques-uns — pas toujours ceux que le lecteur du XXe siècle aurait désiré. Il a aussi changé le style de sa mère en plusieurs endroits où elle ne respectait pas la grammaire de Vaugelas: dans une autobiographie, jusqu'où l'éditeur doit-il respecter la grammaire officielle quand le texte de l'auteur ne la respecte pas? La question linguistique demeure. Nous ne nous y étendrons pas, pour envisager quels ont été les effets de la rédaction de chacune des autobiographies, sur Marie et sur celui qui en a formulé la demande.

Avec quel effet?

En 1633, le résultat ne se fait pas attendre pour Marie. La rédaction de son récit de vie a une fonction personnelle d'élucidation. Elle se débarrasse de ses problèmes en les couchant sur papier. La fonction est aussi cathartique. Ses migraines disparaissent par la même occasion. Cette rédaction n'a pas été assujettissante. Elle provoque au contraire un effet libérateur.

Quant à Georges de La Haye, il s'«approprie» le texte en brûlant la première moitié: les «péchés». Mais son souci demeure essentiellement éthique. Il ne divulgue pas le manuscrit et le confie secrètement à des religieuses avec mission de le remettre au fils après la mort de sa mère. Ce qui fut fait.

Le contexte de l'autobiographie de 1654, on l'a vu, est tout à fait différent. Deux effets sont à noter pour Marie. D'abord, une fonction sociale de transmission intime, inter-générationnelle. Ensuite, une structuration de son cheminement personnel qui lui apparut tout d'un coup, alors qu'un premier jet avait brûlé dans l'incendie du monastère en 1650 et qu'elle réfléchissait à la rédaction d'un nouveau récit. Elle a ainsi pu établir, avant la rédaction finale, un plan de travail selon ses «états d'oraison» qu'on nommerait maintenant «états de conscience». Elle est même capable d'en dresser une échelle de 1 à 13. Mais si cela en était resté là, on n'en saurait rien aujourd'hui.

De son côté, Claude Martin assume deux conséquences avec la publication de la *Vie* de sa mère: une fonction sociale de mémoire et une indispensable transmission qui parvient aux générations suivantes jusqu'à aujourd'hui. Et qui, par deux bénédictins-chercheurs interposés (dom Jamet et dom Oury), nous a permis, à notre tour, de rédiger une nouvelle biographie de Marie Guyart de l'Incarnation dans la perspective — semblable à celle de dom Claude en son temps — d'actualiser un discours pour faire connaître une femme passionnée et passionnante.

Comment Marie a «travaillé» Françoise

Bizarre exercice que d'essayer de communiquer les effets produits par la rédaction d'une biographie, produit de la «digestion» de deux autobiographies, d'une correspondance, de notes d'éditeurs antérieurs, de recherche personnelle et de réflexion. Pour simplifier, comment Marie a-t-elle «travaillé» Françoise? Réfléchissant à cette question — et cela est tout de même assez surprenant —, je constate une cause: mon histoire personnelle tout comme celle, collective, du Québec, a partie liée avec celle de Marie. Passer d'un continent à un autre, d'une société à une autre, méthamorphose une personne, un groupe social.

Je relève une conséquence: la mise en perspective historique rend moins myope. Il est difficile, après un tel travail, d'agir comme si l'on n'avait pas de racines ni d'horizons, ni d'intériorité. Finalement, deux séries d'effets apparaissent: l'aide à l'identification de valeurs vitales et une forte stimulation pour transmettre ces valeurs.

Aide à l'identification de valeurs vitales

Les fréquentations de Marie Guyart, Madeleine de La Peltrie, Jeanne Mance, à travers récits de vie et lettres, m'ont étonnamment aidée à identifier mes valeurs vitales. J'ai vécu des fascinations successives pour ces personnes ferventes, non conformistes, joyeuses, socialement intégrées, solitaires et solidaires. Cela a réactivé la passion de l'aventure, d'abord intérieure, et réactualisé des aspirations que je peux identifier, mais qu'il n'est pas facile d'exposer.

SENS DE L'ÉCOUTE DE SON INTUITION PERSONNELLE PROFONDE

Marie — depuis sa jeunesse et avant d'être stimulée par les demandes d'autobiographie — sait se prendre elle-même comme terrain d'exploration et même d'«expérimentation». Elle utilise souvent le verbe «expérimenter». Sa capacité de dresser une liste de ses états de conscience (qu'elle nomme états d'oraison) prouve son habileté à analyser ce qu'elle vit en un lieu aux confins du psychique, de l'affectif, du spirituel.

Son exemple incite à imiter ses attitudes écologiques adoptées avant la lettre: courir pour se défouler, respirer — combien de fois le mot «respir» vient-il sous sa plume —, souffler, respecter l'autre, quel qu'il soit. Mais sa dynamique détourne de l'imitation servile et aide plutôt à identifier et pratiquer ce dont on a vraiment besoin: style d'alimentation, rythme de vie, temps de silence et de solitude, méditation de lectures triées sur le volet pour convenir à son style d'«appétit livresque». Ces pratiques permettent manifestement d'élargir son champ de conscience, mais aussi de risquer l'excès; d'où le besoin d'accompagnement.

Savoir vivre accompagné

Marie fait découvrir la possibilité des amitiés spirituelles et d'un accompagnement spirituel à cent lieues de l'assujettissement que cela pourrait produire. Une dérive vers l'abus de pouvoir machiste et clérical pourrait paraître inévitable. L'exemple de Marie — étonnamment proche malgré l'espace temporel — prouve la possibilité d'un accompagnement de type amical, efficace et dans son cas à double sens. Sans dom Raymond, son premier «directeur», elle n'aurait pu ni identifier, ni accepter, ni vivre sereinement ses expériences intérieures. Il lui aurait été impossible de réaliser ses «desseins» successifs: entrer chez les Ursulines, partir en Nouvelle-France. Sans Jérôme Lalemant, elle renonçait à écrire sa seconde autobiographie et donc à communiquer les étapes de sa vie spirituelle et beaucoup d'aspects de sa vie matérielle. Son parcours prouve que, s'il n'y a pas toujours un accompagnateur sur le chemin, la vie (le désir?) en procure un, lorsque c'est indispensable. Il montre aussi l'efficacité des amitiés profondes qui, si elles sont authentiques (cela en est un critère) stimulent l'autonomie de l'esprit.

Autonomie d'esprit

La connaissance de ses nécessités personnelles et fondamentales permet à Marie d'oser outrepasser les conformismes et de vivre une liberté paradoxalement enracinée dans une pauvreté fondamentale alliée à un esprit prévoyant de femme d'affaires. Son indépendance d'esprit se révèle dans tous les secteurs de sa vie, notamment vis-à-vis de la culture politique dominante de son époque (les «politiquement corrects», dirait-on aujourd'hui). Cela l'expose aux critiques, qu'elle supporte sans charger les autres; sans changer d'avis si elle estime qu'il n'y a pas lieu; sans rompre les liens avec qui que ce soit.

VIVRE EN RÉSEAU, CONDITION D'UNE VIE HARMONIEUSE ET PLEINE DE PROJETS RÉALISÉS

Marie est une femme qui perçoit que tout est relié: chacune de ses relations sociales est unique et, à la limite, inoubliable. Chez elle, le sens du réseau est habité par une «Immanence transcendante» contagieuse. Ce qui lui donne un sens de la persuasion et lui confère une capacité de bâtir des projets hors du commun, sans peur devant sa propre autonomie de pensée; d'autant plus qu'elle accepte d'être accompagnée par quelques confidents et conseillers sûrs. Elle est alors, sans le chercher explicitement, tout naturellement portée par les courants sociaux émergents et leurs réseaux pour actualiser ses intuitions profondes.

PARTIE PRENANTE DE LA MISÈRE DU MONDE

Avec des contre-culturels, on pourrait actualiser ce qu'elle exprime, et qu'elle ne pouvait pas écrire en son langage épuré: «On est tous des cochons. On est tous des profiteurs, des menteurs, des tricheurs. Tout le monde, même ceux qui prient. Les sept péchés capitaux, c'est une carte de l'âme humaine» (Lebrun 1995: 20). Mais Marie ne sombre pas dans le découragement. Elle reconnaît le fait qu'elle est partie prenante des misères de la condition humaine, mais au lieu de détailler cette misère, elle exprime une immense soif de pureté et s'abandonne à son «moteur intérieur» qui utilise le mal pour réveiller la personne. Mystérieuse alchimie où la conscience de sa faiblesse conduit à la confiance d'en être libérée par l'«Esprit» qui habite la personne. Il y a du Paul de Tarse chez Marie de Tours.

Femme de son temps, elle en partage les illusions et croyait, en arrivant à Québec, qu'il suffirait d'annoncer la Bonne Nouvelle pour que tout le monde croie. Nous sommes toujours solidaires des illusions de notre temps (aujourd'hui, le Progrès, la Modernité, la Rationalité). L'exemple de Marie stimule pour ne pas céder au découragement. Les Amérindiennes sautent la clôture du monastère. Elle fait confiance à la vie. À Québec, vers 1650, tout s'effondre. Raisonnablement, il faudrait se préparer à partir. Mais Marie «sait» qu'il faut rester, comme les jeunes couples d'alors qui préparent leurs récoltes et font les enfants à la base de l'actuelle société québécoise, comptant sur leur confiance profonde et non sur une rationalité déprimante.

Cet exemple pionnier incite à transmettre nos valeurs essentielles qui ne sont pas forcément «politiquement correctes». Mais qu'est-ce à dire dans notre temps «où les valeurs fluctuent au gré d'événements le plus souvent incontrôlés» (Maffesoli 1997)?

Stimulation pour transmettre des valeurs

Cette transmission ne peut pas se faire aujourd'hui sous forme de l'exposé d'un *Credo* sans failles. Inutile de calquer notre démarche à la lettre de celle de Marie. Témoigner d'un cheminement ne peut plus consister à asséner des vérités, ni à donner trop vite des noms (Grandmaison *et al.* 1995). Marie, femme de son temps, croyait aux pratiques d'adhésion à des vérités, immuables et révélées. C'était sur de telles pratiques qu'était fondée la pédagogie du XVIIe siècle. On était persuadé qu'il suffisait de faire apprendre, puis de faire réciter par cœur et sans faute pour savoir et pour croire. Cela est remis en question (Pineau 1994).

Mais Marie, mystique, outrepasse son temps. Elle explore au fond d'elle-même une altérité d'une profondeur infinie. Là, sa démarche est actuelle. Elle la nomme pour parler à son temps, mais affirme aussi que la valeur essentielle n'a pas de nom. Elle ne peut qu'expliquer à son fils comment elle en est arrivée à vivre ceci ou cela; livrer la dynamique de sa vie voyagère, construite à travers le temps et les événements. Tout un programme que l'écriture d'une biographie spécialement pleine oblige à envisager. Transmettre ses valeurs, c'est finalement livrer sa vie, raconter comment on en est arrivé à. Partager — autant que faire se peut — son intériorité, non pas avec des affirmations de principes, mais avec des faits, parfois de tout petits faits.

Conclusion: telle est prise qui croyait prendre

Ainsi, croyais-je «prendre» des vies pour les raconter. Mais elles m'ont «prise», m'ont transformée, m'ont conduite non pas sur des chemins détournés de ma personnalité, mais au contraire vers des voies souterraines, plus moi-même que moi-même. Affaire à suivre, sans doute.

Notes

1. Ce phénomène a reçu un essai d'explicitation dans l'article «Fluctuations et bifurcations de trajectoires sociales» (1987).
2. Cette question a été posée à la fin des années soixante-dix, donc avant la crise actuelle du marché du travail.
3. Les œuvres de Marie de l'Incarnation sont également les meilleures à son sujet: *Écrits spirituels et historiques*, que nous nommons *JI* (récit de la première moitié de sa vie, à Tours) et *JII* (récit de la seconde moitié de sa vie, à Québec), *Correspondance*, que nous nommons *C*.
4. Pour l'autobiographie de 1633, *JI*:141 et suivantes. Pour celle de 1654, les introductions à *JI* et *JII* et l'introduction à la publication par Oury (1976) de cette autobiogaphie.
5. Notons que Pineau et Le Grand (1993) ont recensé 25 genres différents d'écriture du moi.

Bibliographies

Sources

MARIE DE L'INCARNATION (1971[1634-1671]). *Correspondance*. Édition établie par dom Guy-Marie Oury, Saint-Pierre de Solesmes: 1073 p.
MARIE DE L'INCARNATION (1985[vers 1633]). *Écrits spirituels et historiques*. Volume I: Tours. Édition établie par dom Albert Jamet (1928). Saint-Pierre de Solesmes: 548 p. *(JI)*
MARIE DE L'INCARNATION (1985[vers 1650]). *Écrits spirituels et historiques*. Volume II: Québec. Édition établie par dom Albert Jamet (1929). Saint-Pierre de Solesmes: 413 p. *(JII)*
MARTIN, dom Claude (1677). *La Vie de la Vénérable Mère Marie de l'Incarnation*. Reproduction de l'édition originale par les moines de Solesmes. Introduction par dom J. Lonsagne. Tables de dom Guy Oury, 835 p.

Autres références

DEROY-PINEAU, F. (à paraître). «Social Networks and Self-Learning». *In* R. FOUCHER (dir.) *Actes du Premier colloque sur l'autoformation*. Montréal: GIRAT-UQAM.
DEROY-PINEAU, F. (1995). *Jeanne Mance, de Langres à Montréal, la passion de soigner*. Montréal: Bellarmin.
DEROY-PINEAU, F. (1992). *Madeleine de La Peltrie, amazone du Nouveau Monde*. Montréal: Bellarmin.
DEROY-PINEAU, F. (1989). *Marie de l'Incarnation, Marie Guyart, femme d'affaires, mystique, mère de la Nouvelle-France*. Paris: Robert Laffont.
DEROY-PINEAU, F. (1987). «Fluctuations et bifurcations de trajectoires sociales». *Annales de Vaucresson* 26: 191-197.
DEROY-PINEAU, F. (1986). «Histoire socio-logique d'une histoire de vie». *Possibles* X (2): 149-155.
DEROY-PINEAU, F. en collaboration avec G. LEMAY (1985). *Lueur d'espoir. Comment je suis sorti de mes prisons*. Montréal: de Mortagne.

Deroy-Pineau, F. (1981). *Les francs-tireurs de l'information*. Montréal: Sciences et culture.

Grandmaison, J., Baroni, L. et J.-M. Gauthier (dir.) (1995). *Le défi des générations, enjeux sociaux et religieux du Québec*. Montréal: Fides.

Lasswell, H. (1948). *The Communication of Ideas*. New York: Harper.

Lebrun, P. (1995). «Entretien avec un anarchiste, hérétique et néo-païen». *Guide Ressources* 20, juillet-août: 18-25.

Maffesoli, M. (1997). *Du nomadisme — Vagabondages initiatiques*. Paris: Le Livre de Poche.

Oury, dom Guy-Marie (1976). *Marie de l'Incarnation, autobiographie de 1654*. Abbaye de Solesmes.

Oury, dom Guy-Marie (1980). «Marie de l'Incarnation». *In Dictionnaire de spiritualité ascétique et mystique*. Tome X. Colonnes 487-507. Paris: Beauchesne, 1937.

Pineau, G. (1994). «Vie et histoire de vie. Postface». *In* G. Adler (dir.) *Récits de vie et pédagogie de groupe en formation pastorale*. Paris: L'Harmattan: 145-154.

Pineau, G. et J.-L. Le Grand (1993). *Les histoires de vie*. Paris: Presses universitaires de France: «Que Sais-je?».

Résonances d'un univers expérientiel

ALI HARAMEIN
Professeur, Département de psychopédagogie et d'andragogie
Université de Montréal

Des tensions fécondes caractérisent notre réseau et nos deux symposiums. Ces tensions sont des indices de la complexité (et donc de la richesse) du travail sur l'histoire de vie et de l'évolution de la démarche du réseau. Des préoccupations différentes se précisent, s'expriment et leurs interactions enrichissent la dynamique des échanges. J'ai déjà exprimé, à la fin du premier symposium, l'idée de la *différenciation interactive* pour souligner précisément le caractère positif de quelques tensions alors émergentes: tensions entre le récit de pratique et le récit de vie, entre le personnel et le thérapeutique, entre l'individuel et le social, entre la rupture et l'intégration, entre la diversité et l'unification, entre l'objectif et le subjectif, entre la recherche et la formation, entre le sensible et le rationnel, entre le savoir individuel et le savoir général, etc. Les mêmes tensions sont présentes *en nous et entre nous* et traversent nos activités de cette année. Elles sont formulées, bien sûr, de manière plus précise et elles sont parfois mieux intégrées dans des cadres pouvant les transcender. C'est à quelques-unes de ces tensions que je consacrerai la suite de mes remarques.

La tension, exprimée à plusieurs reprises entre le *«je» personnel* et le *«nous» collectif,* m'a interpellé. Comment et en quoi la connexion à soi empêcherait-elle ou faciliterait-elle la relation à l'autre? Pour poursuivre ce questionnement, j'ai fait un détour. Je me suis arrêté sur l'unité et la pluralité, sur les parties et la totalité qui caractérisent toute personne. Habituellement, nous sommes en relation consciente avec des parties de notre être. Le travail de l'histoire de vie devrait pouvoir nous mettre en contact à la fois avec notre pluralité et progressivement, avec notre unité[1] (ou identité). D'un «je» d'ici et maintenant, nous passons alors aux «je(s)» dans le temps et dans l'espace pour pouvoir transcender enfin un *«JE»* plus intégré et mieux unifié. C'est ainsi qu'on peut mobiliser en soi des schèmes de pensée, des registres d'action diversifiés et interreliés, enfouis et mis entre parenthèses dans nos expériences passées. Une de mes étudiantes en recherche, il y a quelques années, avait une image éloquente à ce sujet. Le travail sur soi-même, disait-elle, me met souvent en position d'un enfant devant un thermomètre brisé et qui essaie de ramasser les gouttes de mercure dispersées et allant dans tous les sens.

Pour revenir à la tension entre le «je» personnel et le «nous» collectif, je formulerais volontiers l'hypothèse que cette démarche d'élargissement du «je» vers un «je» à la fois pluriel et unifié, serait une voie d'ouverture de la personne à un «nous» collectif. Autrement dit, j'établirais un lien entre la quête de la globalité différenciée de soi et *l'accueil de l'autre.* Il m'apparaît, en effet, qu'il faut élargir et assouplir l'espace intérieur pour que cet accueil puisse se réaliser. Il nous faut comprendre et accepter les différences et les liens en nous (entre les «je») pour pouvoir interagir au niveau des différences entre nous. Là également, nous sommes en présence d'un double processus de différenciation interactive, l'un au niveau de l'histoire de vie avec ses composantes différentes et interreliées et l'autre en rapport aux relations sociales confrontées elles aussi aux différences, l'un au niveau des résonances intérieures et l'autre en rapport aux inter-résonances intérieures-extérieures, l'un facilitant l'autre et vice-versa.

Nous avons abordé la question des trajectoires de vie se présentant de manière discontinue. On a échangé alors au sujet de la *crise*, de la *rupture*, de la *brisure existentielles*. On a souligné, pour ces périodes de l'existence, le sentiment de chaos, de vide. Il me semble qu'on est allés très loin dans l'exploration de ces phénomènes durant le symposium.

Sans vouloir approfondir le sujet dans les mêmes directions, j'aimerais toutefois formuler quelques hypothèses de mise en perspective.

La question a été clairement soulevée à la fin de notre premier symposium: existe-t-il des caractéristiques communes, dans nos propres histoires de vie, susceptibles d'expliquer nos intérêts pour la pratique de l'histoire de vie, intérêt qui nous réunirait dans le réseau? Je sais que le comité organisateur de nos rencontres a, entre autres, approfondi cette question. Ici encore, je formulerais volontiers l'hypothèse que *le caractère accidenté de certaines de nos trajectoires de vie* n'est peut-être pas étranger à l'intérêt que nous manifestons pour la pratique de l'histoire de vie. Il n'est pas étranger non plus à la manière dont nous la pratiquons. Il s'agit de trajectoires qui ont été l'objet de changements importants, d'ordre à la fois extérieur et intérieur, ou encore, à la fois culturel, social et personnel, etc. Portant en nous de telles trajectoires, on développerait non seulement une sensibilité accrue à l'égard de nos propres histoires, mais également un désir prononcé d'intégration des morceaux discontinus dans une unité consistante, porteuse d'un sens plus global. C'est sur ces expériences personnelles que se grefferaient des pratiques professionnelles accordant un statut au travail de l'histoire de vie.

Une des crises existentielles importantes de ma trajectoire de vie se situe vers la fin des années soixante, peu après ma tentative de réintégration dans mon deuxième pays d'adoption, le Québec. Il s'agit d'une crise qui touchait ma personne dans sa globalité, aux plans familial et professionnel, aux plans social et culturel. J'ai alors entrepris une démarche de psychothérapie analytique, démarche qui a duré deux années consécutives et qui a coïncidé avec des changements dans mes rapports à moi-même ainsi qu'à mon environnement familial, social et professionnel.

Un des effets importants de cette expérience de crise et de son intégration fut *l'élargissement de mon «univers de sens»*. Je me souviens avoir éprouvé, à plusieurs reprises, une fascination viscérale à la découverte de l'abondance et de la richesse des significations qui pouvaient émerger, par exemple, des gestes, des actions et interactions et des événements de la vie quotidienne, ce quotidien que j'avais tant banalisé ou dévalorisé au profit des activités scientifico-rationnelles.

Un deuxième effet de cette expérience fut, parallèlement au premier, la découverte *des liens entre les différentes expériences de vie* analysées. Plus j'avançais dans mon travail d'intégration, plus je prenais conscience de l'unité que constituaient les différents secteurs de mes expériences, personnelles et professionnelles, familiales et sociales, émotives et rationnelles, passées et présentes.

Enfin, un troisième effet de cette expérience d'analyse se situait au niveau de la découverte du statut des interactions qui se déroulent dans le présent, «ici et maintenant». Les tensions qui secouaient mon existence et le sentiment de vide qui en résultait m'accompagnant partout, elles se manifestaient donc dans les rencontres psychothérapeutiques. Cette interaction dans le temps présent avait un *pouvoir d'implication* bien spécifique. Il était plus difficile de fuir le sens et la charge émotive des enjeux car de nombreux témoins non verbaux étaient là pour me rappeler à l'ordre, pour maintenir ma connexion à mon expérience. J'ai d'ailleurs des souvenirs clairs d'avoir eu bien plus de résistance à analyser mes expériences des rencontres elles-mêmes que celles vécues ailleurs ou encore celles tirées de mon histoire de vie.

Je me limiterai à ces trois effets pour introduire quelques remarques.

S'il est vrai que cette expérience d'analyse et d'intégration de la crise a contribué à l'élargissement de mon univers de sens, il est également vrai que cet élargissement a rencontré des limites inhérentes, en quelque sorte, au modèle de la supervision psychothérapeutique telle que je l'avais expérimentée. En effet, je me souviens clairement que durant ces deux années d'analyse, il n'était jamais question de mes *origines ethniques*, du fait que je portais en moi vingt-trois ans d'expériences (le premier tiers de mes expériences de vie) vécues dans un environnement physique, familial, social et culturel totalement différent. Chacun de nous, mon superviseur et moi-même, avions sans doute nos propres raisons pour ne pas nous engager sur ce terrain. Les miennes étaient principalement en relation avec le rejet que j'avais développé à l'égard de mes expériences souvent pénibles de cette époque. Je ne voulais pas rouvrir des pages que je croyais avoir tournées à jamais! Mais pour mon superviseur, et c'est là-dessus que j'aimerais insister davantage, c'est le modèle de la personnalité, de son développement et de son changement, modèle sous-jacent à sa démarche de supervision, qui était responsable, en partie du moins, du fait que l'élargissement de l'univers de sens ne pouvait s'étendre au-delà d'une certaine frontière. En effet, dans ce modèle, dit rapidement, autant les composantes, considérées universelles, socioaffectives d'origine parentale et infantile occupent une place de choix, autant les dimensions sociales, culturelles et spirituelles peuvent se retrouver entre parenthèses.

En ce qui concerne la pratique de l'histoire de vie, l'expérience relatée et bien d'autres accumulées depuis et allant toutes dans le même sens, me suggèrent que l'ouverture sur la *totalité* de l'expérience de la personne est la meilleure garantie de la mobilisation du «pouvoir transformateur» de la pratique de l'histoire de vie, pouvoir transformateur qui est précisément le thème de notre symposium. Une question de taille se pose alors au niveau de la supervision de telles pratiques. Comment favoriser l'ouverture aux différentes zones de l'univers expérientiel de la personne? Comment accompagner sans limiter ou réduire la démarche d'exploration expérientielle de l'autre? Il me paraît souhaitable, je le souligne en passant, que les activités d'un de nos prochains symposiums soient centrées sur cette problématique: *les approches de supervision de la pratique de l'histoire de vie*[2].

Si on veut que la pratique de l'histoire de vie puisse avoir des répercussions sur la compréhension et la réalisation de la vie présente, il faudra éviter qu'elle devienne une «histoire sans vie», une histoire qu'on racontera sans émotion comme s'il s'agissait de l'histoire de quelqu'un d'autre. Autrement dit, si *l'implication* est une caractéristique principale d'une vie dont on est *l'auteur*, il me paraît important que le présent et le passé, l'ici et l'ailleurs, soient abordés de manière interreliée et intégrée dans le même souffle. C'est à ce prix qu'on peut optimiser l'implication de soi et progresser dans la construction de notre unité existentielle.

On a abordé la relation entre la crise existentielle et la crise *épistémologique*. Je pense qu'il s'agit effectivement de deux processus conjoints. En effet, mon expérience de crise existentielle et ma démarche d'intégration ont eu une influence décisive sur mon *rapport au savoir*. D'un savoir extérieur et objectif, causaliste et linéaire, je suis passé progressivement à un savoir expérientiel, savoir qui veut comprendre la complexité du réel et qui est, par conséquent, circulaire. Sans vouloir entrer dans un débat épistémologique et méthodologique de la science et de la construction des connaissances, j'aimerais souligner quelques dimensions fondamentales du changement vécu eu égard à mon rapport au savoir.

J'ai pu découvrir, comme je l'ai déjà souligné, combien sont chargées en savoir les expériences de vie, des plus banales aux plus nobles, des plus terre à terre aux plus symboliques, des plus manuelles aux plus intellectuelles. C'est à ces savoirs d'expérience que sont greffés d'ailleurs nos schèmes de conduite à la base de nos interactions avec nous-même et avec notre environnement, interactions qui nous permettent, à leur tour, d'acquérir d'autres expériences et d'autres savoirs.

J'ai pu ainsi *apprendre de mes propres expériences* le fait que les démarches expérientielles et épistémologiques sont intimement et organiquement interreliées, l'une fécondant l'autre et vice-versa.

J'ai pu prendre conscience de ma *singularité expérientielle* en tant que personne. Cela est dû à la diversité de l'ensemble des expériences et aux liens qui les unissent dans un tout original. J'ai découvert également que j'étais seul à pouvoir porter en moi une telle constellation d'expériences et que je suis seul à y avoir accès directement. Une des conséquences de cette découverte fut, chez moi, l'émergence de modèles d'apprentissage et d'intervention différents. Chacun de ces secteurs s'enracinait de plus en plus dans l'univers expérientiel du sujet, et chaque comportement était chargé de sens parce que connecté à l'univers en question. L'apprentissage, aussi bien que l'intervention d'accompagnement, ne pouvaient plus désormais se séparer de la personne et de son bagage expérientiel.

Enfin, j'ai pu comprendre que la communication entre les personnes peut se traduire par un mécanisme d'inter-résonance. Même si le message d'une personne est relié à ses propres expériences et la concerne en premier lieu, il peut toutefois provoquer une résonance chez son interlocuteur en fonction des zones qu'il peut mobiliser chez ce dernier. La réaction de celui-ci initie, à son tour, une autre résonance chez la première personne émettrice et on assiste, par conséquent, à une interaction de type *inter-résonance*. Bien entendu, cela ne signifie pas que la communication se réduise nécessairement à un «dialogue de sourds». Si les personnes se différencient par l'originalité, par la singularité de leur histoire, elles se relient également par des affinités ou par des *communautés de références*. Au-delà (ou en-deçà) des différences (sociales, culturelles, raciales, etc.) il existe des caractéristiques expérientielles fondamentales (besoins, valeurs, processus de développement, etc.) de l'humain qui rendent la rencontre possible.

Ces prises de conscience d'ordre épistémologique sur l'apprentissage, l'intervention et la communication tombaient sur un terrain à la fois sensible et fertile. Il s'agissait d'un terrain d'enseignement et de recherche en éducation. À partir de ce moment s'est clairement amorcé un changement irréversible dans mes activités professionnelles. Mes enseignements se sont orientés vers l'animation et mes recherches se sont centrées sur les dimensions expérientielles de la pratique professionnelle et de la théorisation de celle-ci par le praticien. Aussi bien dans mes enseignements que dans mes recherches, c'est la formation et *l'émancipation* des personnes impliquées qui occupaient progressivement la place centrale dans mes préoccupations.

Dernières remarques

J'ai relié un certain nombre de changements d'ordre à la fois personnel, professionnel et épistémologique à une expérience de crise existentielle et à une démarche d'intégration la suivant. J'aimerais préciser que l'expérience et la démarche en question n'étaient que des éléments déclencheurs agissant à l'intérieur d'un tableau beaucoup plus vaste dont le dessin avait commencé bien avant et qui a été poursuivi par la suite. Cette idée de *continuité* dans les expériences de vie nous renvoie d'ailleurs au principe que les réalités psychiques ont toujours des antécédents et une dynamique d'évolution qui leur sont propres. Un travail de l'histoire de vie pourrait retracer précisément, dans la mesure du possible, la genèse et le développement de ces réalités et nous permettre de nous connecter à nos *sources énergétiques de développement*, dont une partie est à l'œuvre et une autre, à l'état latent, est mise entre parenthèses en nous. C'est ainsi, entre autres, que nous pourrions nous orienter de plus en plus, de la position d'*acteur* vers le statut d'*auteur* de notre existence.

Le fait d'avoir relié quelques-unes de mes expériences de changement à une démarche de psychothérapie ne devrait pas suggérer que j'assimile le travail de l'histoire de vie à une approche thérapeutique. Dans mes activités professionnelles, j'utilise fréquemment la pratique de l'histoire de vie, aussi bien en formation qu'en recherche. Pour mes étudiants en formation initiale ou continue, les expériences de l'histoire de vie sont choisies et travaillées de manière sélective. À partir d'un questionnement (d'une difficulté, d'un malaise) soulevé dans leur pratique, ils entreprennent deux démarches parallèles, l'une de *contextualisation* et l'autre d'*enracinement*; l'une leur permettant de situer le questionnement dans les différents contextes de leur pratique et l'autre les amenant à explorer, au niveau de leur histoire de vie éducative, la genèse et la trajectoire évolutive du même questionnement. C'est à partir de l'exploration de la complexité du sens d'un questionnement éducatif que les étudiants parviennent progressivement à mieux maîtriser et théoriser leur pratique et à construire, au besoin, des alternatives[3]. Pour les étudiants de recherche (maîtrise et doctorat), la même démarche de formation est entreprise et cela tout en y intégrant un travail intensif de construction des connaissances. En effet, le questionnement tiré de la pratique, contextualisé et enraciné, constitue pour eux non seulement la base d'une formation professionnelle mais également l'origine d'une problématique et d'une démarche de recherche. Cette approche, que nous avons intitulée *recherche-formation*, espère participer, entre autres, à la construction de connaissances théoriques de plus en plus connectées à la pratique professionnelle.

Même si, entre une approche thérapeutique, personnaliste par définition et une formation personnalisante qui s'intéresse à l'univers expérientiel de l'étudiant (et du formateur) il y a des affinités, on peut facilement constater, entre elles, des différences importantes. Dans un cas, c'est la personne et la reconstruction de sa dynamique psychique mésadaptée qui est l'enjeu principal alors que dans l'autre, c'est la démarche de construction (ou au besoin la reconstruction, pour la formation continue) de l'identité professionnelle, s'adressant à l'ensemble d'une population d'étudiants, qui se trouve au centre des préoccupations. Dans un cas, l'intervention vise une meilleure adaptation de la personne à l'état dysfonctionnel alors que dans l'autre, c'est l'apprentissage et le développement professionnels en même temps que la (re)construction de connaissances scientifiques qui déterminent la démarche. Dans un cas on traitera en effet des tensions à l'origine du dysfonctionnement de la personne et dans l'autre cas on favorisera:
- d'une part, la compréhension des racines expérientielles d'une pratique professionnelle en construction, compréhension susceptible d'élargir le sens des différentes dimensions de cette pratique;
- et d'autre part, dans certains cas, la maîtrise des tensions qui font obstacle à la (re)construction satisfaisante de la pratique en question. Soulignons enfin que si, au moyen d'une approche de travail sur l'histoire de vie, on s'intéresse à l'analyse et à l'intégration de ces tensions, c'est parce qu'il s'agit de la formation à une profession que nous considérons de nature *relationnelle*[4]. Les mêmes tensions n'auraient certes pas autant

de poids dans la formation des professionnels d'un domaine différent où la composante relationnelle est moins déterminante. Dans ce sens, la formation personnalisante préconisée implique nécessairement une démarche qu'on peut qualifier de *croissance personnelle*.

Dans cette tentative de synthèse, à partir de mes expériences de vie à la fois personnelles et professionnelles et en résonance aux échanges du symposium, j'ai abordé certaines questions touchant le potentiel formateur ou transformateur du travail de l'histoire de vie. Les questions se situent sur des axes différents:
- l'axe social abordé surtout au niveau de la tension et de l'articulation entre le «je» personnel et le «nous» collectif;
- l'axe épistémologique qui a soulevé la tension et la jonction entre le savoir d'expérience et le savoir théorique, entre un savoir incarné, expérientiel et localisé et un savoir extérieur, objectif et universel;
- l'axe professionnel aux prises, entre autres, avec les tensions entre la personnalisation et l'intellectualisation, entre l'accompagnement et la contrainte, etc.;
- l'axe socioculturel qui génère, en général, la tension entre les valeurs intériorisées et le pouvoir de la personne sur la transformation et l'enrichissement de ces valeurs;
- l'axe personnel et relationnel, qui est présent dans tous les autres axes et dans toutes les tensions. Il donne sens et consistance à l'expérience sociale, culturelle, professionnelle et scientifique et, en opérant ainsi, s'engage dans une voie d'intégration des tensions et d'émancipation de la personne en quête du statut d'*auteur*.

Ce travail de maîtrise et d'intégration des tensions, aussi bien à l'intérieur des axes qu'entre eux, me paraît constituer les fondements d'une démarche de construction et de développement de l'*identité professionnelle* des secteurs que j'ai qualifiés de nature relationnelle. L'identité professionelle conçue ainsi restera en interaction avec l'identité personnelle. On pourrait, bien entendu, prolonger la réflexion sur les liens entre les deux identités et traiter par exemple du *rapport à l'autorité*[5], qui constitue une composante importante de chacune d'elles. Mais je ne veux pas dépasser ni le mandat ni le temps qui m'ont été alloués. J'aimerais seulement suggérer, en terminant, que l'on consacre une autre de nos rencontres à la mise en commun de nos expériences sur *la pratique de l'histoire de vie et la (re)construction de l'identité professionnelle*.

Notes

1. L'unité exprime ici uniquement la présence de liens conscients entre les parties et non pas nécessairement l'existence d'une cohérence.
2. Je venais de terminer la rédaction de ce texte lorsque j'ai reçu le thème du symposium français à l'Université de Tours (31 mai - 1er juin 1996): *La fonction accompagnement en histoire de vie*. Toutefois, j'ai pensé maintenir ma suggestion et cela compte tenu des différences et de la complémentarité qui caractérisent les expériences européennes et québécoises.
3. J'accumule de plus en plus d'exemples concrets de démarches qui suggèrent que l'histoire de vie contient non seulement des expériences qui aident la compréhension du malaise présent, mais également celles qui comportent les germes d'une solution et cela précisément à cause de la diversité des expériences que nous portons en nous.
4. La dimension relationnelle implique nécessairement les *personnes* en présence.
5. Il implique en effet non seulement le rapport à l'autorité de soi et de l'autre, mais il peut comprendre également le rapport de la personne et du professionnel à la science, au savoir d'expérience, aux valeurs culturelles, professionnelles, etc. Dans ce sens, les données scientifiques, les valeurs culturelles et les modèles professionnels pourraient incarner, pour la personne, le statut de l'autorité.

Deuxième partie

Éclairages méthodologiques

Le pouvoir transformateur de l'histoire de vie
Questions et réflexions d'une praticienne

MONIQUE CHAPUT
Consultante en éducation des adultes
Consultation-Formancom, Montréal

Des questions nées de l'expérience

À vingt-trois ans, alors étudiante à Paris, j'ai pensé écrire une dernière lettre avant de me suicider. À mon insu, je venais d'entreprendre mon récit de vie... La lettre a couvert toutes les pages du cahier, puis d'un deuxième et d'un troisième. L'histoire de ma vie, que je croyais parvenue à son terme, en a été profondément transformée, jusqu'à... aujourd'hui!

Depuis cette année lointaine, j'ai maintes fois utilisé cette approche avec des personnes démunies, fragilisées, impuissantes, désorientées, désespérées comme je l'avais été. L'année dernière encore, appelée à aider pendant trois semaines un groupe d'une trentaine de personnes survivantes des massacres et de la guerre, j'ai instinctivement proposé cette piste de travail. Une fois de plus, j'ai pu confirmer et admirer la puissance transformatrice de l'histoire de vie.

L'expérience du récit de vie en situation de grand malheur, d'infinie pauvreté, n'est certes pas la seule façon de découvrir les effets transformateurs de cette approche. Heureusement! Toutefois, mon hypothèse est qu'une telle situation permet, un peu comme dans un laboratoire, de vivre le processus dans des conditions extrêmes et d'en observer les effets comme à travers un puissant microscope. Cherchant à mieux comprendre et à perfectionner mes façons de travailler avec les personnes et les groupes, je pose donc à cette expérience deux questions:

En quoi le processus proposé entraîne-t-il un mouvement de transformation?
Quelles sont les conditions propres à faciliter ce mouvement?

Une observation attentive du processus et des relations entre ses diverses composantes peut fournir des éléments de réponses valables. Je me propose donc, dans les lignes qui suivent, de décrire tout simplement comment j'ai procédé et procède habituellement et de formuler quelques hypothèses de réponses supportées par l'expérience concrète et l'observation réfléchie[1].

Mouvement de transformation dans le processus du récit de vie

De manière globale, il m'apparaît que le mouvement de transformation que j'ai pu observer en moi et chez les personnes que j'ai accompagnées au long d'un processus de récit de vie s'est développé à la manière d'une spirale formée de boucles qui s'enchaînent en s'amplifiant. Presque imperceptible au début, parfois à peine discerné dans le courage de vivre la prochaine minute, le mouvement se déploie en ondes puissantes et profondes à la fin, se métamorphosant en d'impressionnants projets d'action personnelle ou collective bien intégrés et clairement articulés.

Neuf étapes-passages, dans la plupart des groupes de récit de vie que j'ai accompagnés, jalonnent le chemin entre l'amorce et le terme du processus:

1. L'acte de première écriture
2. L'acte de première lecture
3. L'acte de narration
4. L'acte d'accueil du feed-back

5. L'acte d'écoute du récit de l'autre
6. L'acte d'offrande du feed-back
7. L'acte de seconde lecture
8. L'acte de seconde écriture
9. L'acte de décision et d'engagement

Les deux premières étapes et les trois dernières sont vécues simultanément par tous les participants. Pour expliciter les étapes trois à six, le texte suivra le processus tel que vécu par la première personne du groupe à avoir accepté de raconter son histoire de vie. Les autres personnes du groupe doivent, après les deux premières étapes, passer à la cinquième et la sixième avant de revenir à la troisième et la quatrième. Il serait d'ailleurs intéressant d'étudier comparativement l'impact de l'un et l'autre parcours sur l'expérience de transformation vécue par les participants.

L'acte de première écriture

Je me souviens de moi comme de quelqu'un d'insatisfait et d'impuissant piétinant dans un tunnel sans fin dont l'air de plus en plus lourd me collait le haut des tripes avec le bas des poumons. L'impression désespérante d'être une actrice de seconde zone dans un scénario écrit par d'autres, ne comprenant rien au sens et au déroulement des événements, m'a conduite à rechercher n'importe quel moyen d'être moins inconfortable et moins malheureuse. J'en ai essayé plusieurs, des plus mystiques aux moins catholiques!

À bout de souffle et de larmes, l'écriture de ce que je croyais être ma dernière lettre m'a permis *d'introduire le mouvement* sur mon axe d'actrice passive et emmurée. J'ai commencé à bouger légèrement lorsque je suis passée de la position d'actrice dépossédée à celle de récitante de mon propre texte. Chaque ligne dont j'étais l'auteure tremblante m'était capacité d'agir au bon niveau, c'est-à-dire en moi.

L'été dernier encore, l'état de passive impuissance et d'absurdité ressenti par des personnes qui avaient échappé à la torture et à la mort a commencé à se transformer au cours des vingt-quatre heures d'écriture du récit de vie auxquelles je les avais invitées d'entrée de jeu. Le récit, quoique bien imparfait dans sa première ébauche, a constitué pour elles aussi un événement à partir duquel quelque chose de nouveau et de différent pouvait advenir!

Lorsque je cherche à comprendre quelles conditions peuvent faciliter l'entrée dans ce processus et la réussite de la première étape, je suis amenée à me demander d'abord qu'est-ce qui amène quelqu'un à entreprendre d'écrire un récit de vie? Pour ma part, je suis entrée dans ce processus sans le savoir consciemment, comme guidée par l'instinct de survie, m'agrippant à mon crayon et à mon récit comme à une bouée. Pour d'autres, l'aventure a commencé grâce à une invitation reçue au hasard d'un cours, d'une rencontre ou d'une entrevue à laquelle ils ont accepté de répondre pour des raisons parfois très claires, mais souvent obscures. D'autres finalement décident de tenter l'expérience après avoir entendu parler de l'approche de l'histoire de vie ou lu sur le sujet.

Qu'est-ce qui nourrit l'écriture une fois entreprise et soutient l'effort requis pour continuer? Il serait intéressant d'étudier l'influence qu'exerce la façon dont on est entré dans le processus sur les conditions qui aident à le poursuivre. En ce qui me concerne, il est clair qu'à certains moments je continuais d'écrire mon récit pour accrocher ma vie au moins au trait de l'encre sur le papier. Le récit de ma vie telle que je l'avais vécue et ressentie m'apportait, en même temps qu'une grande souffrance et une sourde colère, une certaine distance et un peu de paix.

La puissance transformatrice du récit de vie, même en ses premiers commencements, était à peine mais déjà perceptible en moi, comme l'effleurement d'une aile de papillon, comme la première fois que j'ai senti bouger le fœtus dans mon ventre de mère inexpérimentée... Mais alors, qu'est-ce qui transforme (amène «au-delà de sa forme») l'acteur passif et impuissant à mesure qu'il écrit, qu'est-ce qui le fait passer de cette façon d'être-au-monde à une autre?

Il m'apparaît que, lorsqu'on est privé de tout pouvoir, le pouvoir dérisoire de tracer sur le papier ses propres mots, ses propres phrases préfigure et contient déjà en germe le pouvoir incroyable de devenir le véritable auteur de sa propre vie et de la signer fièrement d'un trait pleinement consenti, un jour! C'est comme si tout en ressentant la brûlure atroce de l'impuissance et du néant, l'être se mettait à intuitionner un autrement, à laisser entrer un peu d'espérance, prenant appui sur le mot, la ligne, puis tout le paragnaphe dont il vient d'être l'auteur...

L'acte de première lecture

Pour continuer là où je m'étais arrêtée, pour chercher la trace de ce que je tentais de nommer, pour retrouver le fil sur la trame, pour démêler l'écheveau des événements, bref, pour maintes raisons, je me souviens d'avoir lu ce que j'avais écrit. Pas les premiers jours, cependant: le besoin d'écrire sans revenir en arrière, presque les yeux fermés, était alors le plus fort. On aurait dit que j'avais peur d'arrêter d'écrire. Comme si ma vie ne tenait qu'au fil d'encre sur le papier et que le goût de la mort allait m'emporter si je me retournais. Mais, un peu plus tard.

Je me souviens de certains moments heuristiques lorsque, lisant ce que j'avais écrit, une constante apparaissait, une clé de compréhension se laissait saisir. L'être humain aveugle commençait à discerner certains points de repère dans le brouillard... L'être dépossédé commençait à regarder en dehors de lui, comme un objet distinct et intime à la fois, ce récit qui lui appartenait en propre.

Aujourd'hui, après une première écriture, je demande aux personnes que j'accompagne dans leur récit de vie de choisir ce qu'elles veulent partager de tout cela. Auteurs d'un texte inachevé, ces femmes et ces hommes deviennent lecteurs souvent tremblants de colère, de larmes, de peur de ce qui vient, mais lecteurs quand même, à la recherche de ce qu'ils veulent partager.

Il m'apparaît que le seul fait de lire ce qu'on a soi-même écrit fait bouger, fait au moins passer d'une position à une autre. Dès lors, tout se passe comme si le désir de rassembler et de comprendre, ne fut-ce qu'un peu, préfigurait et contenait en germe la pleine capacité, un jour, de lire sa vie, de lui donner sens, autant signification qu'orientation.

L'acte de narration

Je n'ai pas écrit mon récit de vie à l'intérieur d'une démarche de groupe, ni même à l'intérieur d'une démarche de *counselling*. L'acte de narration ne m'était pas possible, seule à Paris, dans ma petite «chambre de bonne», sous les toits.

Cependant, depuis lors, j'ai eu l'occasion d'observer ce temps important dans la démarche. En offrant à des personnes qui ont vécu des situations horribles la possibilité de partager avec d'autres la douloureuse histoire qui est la leur, je leur suggère, après avoir relu leur récit, de noter sur une seule page les mots essentiels de ce qu'elles acceptent d'exprimer. Je leur rappelle le droit absolu qui est le leur de taire ce qu'elles veulent garder pour elles ou pour d'autres auditeurs. Je leur demande cependant de veiller à traduire le plus fidèlement possible ce qui s'est réellement passé, sans amplifier ou amoindrir ce qu'elles ont vécu. Je fais en sorte que le moment où elles prennent la parole soit le moment choisi par elles. Je vois à ce que soit respecté le temps dont elles ont besoin, aussi court ou aussi long soit-il.

En affirmant et en créant les conditions de liberté du choix de ce qui est dit ou tu et du temps de prise de parole, il me semble que se trouve renforcé le processus de transformation déjà amorcé par l'acte de première écriture. L'acte de narration contrôlée place le narrateur, pour une seconde fois, en situation de pouvoir. D'acteur impuissant et bousculé par des événements qui le meurtrissent ou l'anéantissent, il devient peu à peu acteur responsable, capable d'intervenir sur ce qui se passe. D'écorché replié sur lui-même, seul au monde avec son immense détresse, il choisit, à son rythme, d'ouvrir la porte de son récit autant ou aussi peu qu'il en est capable à ce moment précis de son histoire.

Est-ce que cela contribue à nourrir efficacement le désir et l'espoir d'être un jour pleinement aux commandes de sa propre vie, à croire et à s'activer au renversement du mouvement de dépossession et d'anéantissement de soi? C'est ce que je crois, tout en étant bien consciente que je n'ai pas, seule en mon pigeonnier parisien, eu la possibilité d'expérimenter cette deuxième occasion de prise de pouvoir. De plus, je crois également que le mouvement d'ouverture de soi est porteur de transformation car il prolonge ce qui a été amorcé, il amplifie le fait de bouger, de décristalliser, de rendre possible l'avènement de quelque chose d'autre.

L'acte d'accueil du feed-back

Le mouvement d'ouverture de soi à l'autre est un bien grand risque. Tout peut être perdu pour longtemps, s'il conduit à une nouvelle souffrance, à une nouvelle expérience d'écrasement. Pour faire comprendre et admettre son calvaire, la personne qui a tant souffert ne peut souvent se battre contre l'incompréhension. Elle utilise toutes ses forces pour dire. Elle ne dispose pas de l'énergie nécessaire pour prouver, justifier et lutter contre les jugements d'autrui.

C'est pourquoi le narrateur ou la narratrice tremble encore plus que quiconque devant ce silence qui suit son propre récit. Certes, personne n'aime être jugée. Personne n'aime faire l'objet de l'incompréhension. Mais quand on a frôlé la mort de près, quand on a perdu tous ceux qui étaient proches, quand on a encore le goût amer de l'absurde dans la bouche, quand on rêve chaque nuit que tout déraille, qu'on est aveuglé, qu'on étouffe dans une fosse, qu'on se débat dans la cohue et le fouillis les plus incompréhensibles, on anticipe avec la plus grande sensibilité toute occasion de souffrance supplémentaire.

Il est pourtant nécessaire de rompre l'isolement dans lequel le récit a placé le narrateur. La solitude demeurera toujours, mais l'isolement dans le cercle du silence doit être brisé. Il a pris l'initiative de raconter et il doit maintenant connaître l'effet du geste qu'il a posé. Souvent les yeux fixés au sol, il attend, comme on attend un verdict.

Cette étape du processus est capitale du point de vue de la capacité transformatrice du récit de vie. Pour en augmenter les chances de succès, je demande aux auditeurs de prendre quelques minutes de réflexion, de noter, s'ils le désirent, ce qui les a particulièrement rejoints, ce qui les a touchés dans le récit entendu, ce qui monte en eux à cet instant. Puis j'invite ceux et celles qui le désirent à partager avec le narrateur un peu de ce qu'a produit en eux ou en elles ce récit. Le message doit être assez court et les phrases doivent commencer par «je».

Chacun est libre de parler. On peut préférer se taire et exprimer non verbalement ce qu'on éprouve. Le voisin ou la voisine peut choisir plutôt de mettre sa main sur l'épaule du narrateur. Un autre peut lui passer un papier mouchoir, préférant attendre un moment propice pour lui dire en privé combien il a été bouleversé par ce récit.

L'acte d'écoute du récit de l'autre

Celui qui raconte est entendu par des auditeurs qui sont habités par leur propre histoire. À son tour, le moment de son récit passé, le narrateur est invité à ouvrir grandes ses mains et ses oreilles à l'histoire d'un autre récitant. Sans crayon, sans papier. De tout son cœur.

Ce faisant, il amplifie en lui le mouvement déjà amorcé de rupture du mur de l'isolement et de la détresse intérieure. Des éléments du récit de l'autre résonnent en lui, le rejoignent au plus vif de son expérience, soit parce qu'ils ressemblent à ce qu'il a vécu, soit parce qu'ils lui parlent de ce que ressentent et vivent des personnes dont la position d'acteur est exactement contraire à la sienne. Il n'est plus seul. Il est rejoint dans ses émotions et sa sensibilité profonde. Au fil du récit, il pleure ou il rit, il ressent de la compassion ou de la colère. Il respire plus profondément ou il étouffe. Il est confortable ou il grelotte.

Il acquiert aussi des points de comparaison, des points d'appui auxquels il peut se référer pour continuer l'objectivation de son histoire subjective. À travers le miroir de l'autre, il se découvre comme acteur, semblable mais différent de celui ou celle qu'il écoute. Son histoire continue de prendre forme et sens en lui. De nouveaux éléments viennent réveiller sa mémoire et enrichir son récit.

J'ai souvent fait l'expérience de la puissance transformatrice de l'écoute du récit de l'autre. Dans les situations les plus inattendues autant que dans des groupes formels dans lesquels j'exerçais ma fonction d'andragogue, je me suis sentie proche, complice, d'une race semblable en l'humanité. Je me suis rappelée des faits occultés. Je me suis surprise à considérer que, comparativement, mon histoire n'était pas aussi dramatique que ce que je croyais. Et, peu à peu, je suis passée de l'attirance vers le trou noir et froid de la mort désirée au plaisir de vivre passionnément en pleine lumière.

Avec les personnes rescapées de la guerre, des camps de réfugiés, des massacres, j'ai pu observer combien l'acte d'écoute du récit de l'autre prolonge l'acte de raconter son récit. Il ouvre, dépolarise et solidarise. Il crée petit à petit un groupe à partir d'une somme d'individus écorchés vifs et méfiants.

L'acte d'offrande du feed-back

À chaque personne qui raconte son récit, celle ou celui qui l'écoute est invité à offrir ce dont il veut particulièrement garder en mémoire dans ce qu'il a entendu et ce que ce récit a produit en lui. Cet écho est précieux. Il peut réconforter, confirmer, rassurer. Il s'adresse parfois au seul espace intérieur où la personne peut être vraiment rejointe.

Pour la personne qui écoute à partir de sa propre fragilité, de son sentiment de totale pauvreté, de son expérience de ne plus comprendre quoi que ce soit, le fait nouveau d'être riche de quelque chose de précieux pour l'autre est puissance de transformation. J'étais écrasé et démuni; je deviens quelqu'un qui a quelque chose à donner. Je suis riche de ce qu'a produit en moi ton récit et tu as besoin de ce feed-back. Que je donne effectivement ce message de rétroaction ou que je le garde, la réalité ultime est là: je suis en possession de quelque chose d'unique et d'intéressant pour la personne qui a parlé et pour celles qui l'ont écoutée. L'acte d'écoute me fait émerger comme auteur d'un message de rétroaction dont j'ai la libre propriété.

Ce mouvement inédit sur l'axe de l'expérience et de la perception de soi s'ajoute aux autres: j'étais silence emmuré et j'ai raconté;

j'étais enfermé dans l'insoutenable souffrance et j'ai entendu que je n'étais plus seul. J'étais collé aux événements de ma propre histoire et je me suis élargi aux dimensions de la tienne; j'étais humilié, sans pouvoir et je peux t'offrir ce qu'a produit en moi ton récit. Ces progressives transformations créent de nouveaux possibles.

L'acte d'offrir librement le feed-back parle de la possibilité, un jour, d'être planté bien droit dans son champ et de donner volontairement de son fruit, de sa richesse, de ses talents. Il permet à celui ou celle qui s'est senti complètement dépossédé d'anticiper cet état de parfaite autonomie et d'accomplissement de soi où quelqu'un peut dire «ma vie, nul ne la prend: c'est moi qui la donne».

L'acte de seconde lecture

À mesure que se déroulent les différents récits, à mesure que les récitants alignent des événements, décrivent des faits et des comportements, suggèrent des interprétations, relient ce qu'ils ont vécu à des lectures déjà faites, à des paroles déjà entendues, la personne effectue différentes relectures de son histoire. Quand tous se sont exprimés, je propose de former des sous-groupes et de partir à la recherche des sens. De l'amont vers l'aval ou vice-versa. L'important est, à l'intérieur de la solidarité qui s'est bâtie, de s'aider mutuellement à découvrir pourquoi et pour quoi.

Les efforts des équipes conduisent à relire ce qui a été partagé autant du point de vue individuel que social, économique que politique, spirituel, historique, psychologique. L'on se donne rendez-vous en assemblée plénière pour mettre en commun les trouvailles. Les «insights», les métaphores, les symboles forts partagés deviennent, pour le grand groupe, les sous-groupes et chaque individu, des clés pour comprendre, des outils pour dominer les événements, des moyens pour s'approprier son histoire, un langage pour décoder jusqu'au détail ce qui paraissait absurde et indéchiffrable.

Je me souviens, sans pouvoir m'empêcher de sourire, de moments heuristiques dont l'intensité n'avait d'égal que le désespoir et la souffrance qui les avaient précédés dans le groupe. Dans ma propre histoire, je me souviens de lectures qui ont éclairé des pans entiers de ma vie, d'images ou de mots qui m'ont parlé droit au cœur et m'ont ouverte à l'intelligence des personnes et des événements. Je retrouve en moi des moments où j'ai éprouvé le sentiment que des écailles me tombaient littéralement des yeux.

Cet acte de seconde lecture, vécu seul ou en groupe, est puissant. Même s'il est souvent entrecoupé de périodes de tâtonnement, de détours inutiles, d'hésitation, voire de refus de regarder la vérité en face, ce mouvement transforme celui ou celle qui accepte de s'y investir. Il pousse plus loin. Il donne envie de vivre chaque jour de sa vie en donnant sens à ce qui se passe, en mettant en perspective les choix faits individuellement et collectivement. Et, par-dessus tout, il démontre qu'il est possible et bon de nommer les choses, de saisir des enchaînements, de désigner les orientations.

L'acte de seconde écriture

Au moment où de nouveaux sens émergent, où des forces neuves se manifestent, je propose souvent aux gens de reprendre le crayon et de se donner la peine de réécrire leur récit de vie. Le fil de trame, qui manquait parfois dans le premier récit de personnes qui ont grandement souffert, apparaît clairement au moment de la seconde écriture. Pour d'autres, c'est le fil de chaîne qui s'est enrichi et épaissi d'une incroyable façon.

Écrire une seconde fois la même vie, et s'apercevoir que le récit peut en être aussi semblable et différent, permet souvent de concrétiser, noir sur blanc, le sentiment tout neuf de voir plus clair. Cet acte donne force au sentiment de commencer à acquérir la maîtrise de sa barque, d'en arriver à devenir auteur de ce qui arrive tout en touchant du doigt combien fragile et illusoire demeure, en même temps, la puissance de l'être humain.

Je me revois en train d'écrire, à la lumière de découvertes toutes fraîches au plan du sens à donner et des liens à faire, des pans entiers de mon histoire. J'éprouve encore combien jaillissait alors le désir d'écrire ma vie *par en avant* et non seulement *par en arrière*. Ce désir, au fil de la réécriture, est devenu conviction que c'est possible, puis urgent besoin et enfin actualisation.

Lorsque je travaille avec des gens qui effectuent avec moi, en groupe, un parcours de récit de vie et que ces gens ont une histoire de souffrance et de dépossession d'eux-mêmes, je leur propose cette étape de seconde écriture. Je suis toujours surprise d'entendre verbaliser, parfois sous forme d'un rêve fait durant la nuit, le désir de mener le jeu, de dominer la fatalité, d'évoluer librement en plein soleil.

L'acte de décision et d'engagement

L'analyse des composantes de son histoire ouvre naturellement sur l'élaboration d'un projet personnel de construction de sa vie et, dans certains cas, d'un projet collectif de reconstruction de son milieu ou même de son pays. Le processus décrit ci-haut conduit la personne qui émerge des portes de la mort à se tourner vers la vie et à envisager des moyens concrets et efficaces d'atteindre les buts qu'elle se fixe.

Je me rappelle l'énergie que je sentais monter en moi lorsque, récrivant certaines pages de mon histoire de vie, je me surprenais à me projeter dans le futur et à décider de devenir une femme qui serait comme ceci et qui ferait comme cela... Cette étape a abouti à une réorientation de mes choix de vie et de carrière.

Aujourd'hui, lorsque j'accompagne des groupes dans le processus du récit de vie, je réserve une bonne plage de temps à l'élaboration du projet personnel et, lorsque cela est approprié, à la construction du projet collectif. La cueillette d'idées, l'établissement des valeurs fondamentales et des critères de choix, la priorisation, la conduite des scénarios sur les conséquences de chacun des projets retenus, la décision éclairée et l'évaluation de la démarche constituent la plupart du temps les espaces que nous parcourons au long de cette dernière mais combien importante étape du processus du récit de vie.

Certaines conditions pour aider l'accompagnement du processus de récit de vie

À quelles conditions facilitantes ce processus répond-il positivement? Voilà la question posée au tout début de ces pages et à laquelle je n'ai cessé de penser en les écrivant. La réponse n'est pas simple. Comme chacun sait, il n'existe pas de recette miracle en matière de quête intérieure.

Outre la motivation et l'active collaboration des récitants, il m'est possible d'identifier deux grandes composantes qui, à mon avis, contribuent à faciliter le processus du récit de vie avec des personnes qui ont grandement souffert. La première concerne l'attitude et les comportements de la personne responsable de l'animation dans le groupe et la seconde concerne l'attitude et les comportements des autres membres du groupe.

La personne responsable de l'animation

Il m'apparaît que la personne responsable de l'animation doit pouvoir recevoir calmement *tout* ce que les gens choisissent d'exprimer. Je sais d'expérience combien la vérité rend libre et une grande partie de mon travail d'accompagnement consiste à créer les conditions dans lesquelles la vérité peut s'exprimer et la transformation s'opérer.

En chacun des passages particulièrement difficiles, je cherche à utiliser les moyens que l'écoute attentive met à ma disposition: contact des yeux, attitude d'accueil et d'infini respect, regard de compréhension et de confiance assurée. Je rappelle à ma mémoire les moments où je me suis le mieux placée, à mon avis, en état d'écoute active, et je réactive en moi les pas faits sur la voie sans fin de l'authenticité, de l'empathie et de la considération positive inconditionnelle[2].

J'écoute dans le plus grand silence, sans interrompre pour questionner ou pour toute autre raison. Je sais combien est fragile la personne qui accepte de revivre, en les évoquant à haute voix, des événements qui se sont déroulés aux limites du supportable, souvent aux frontières de la vie, presque déjà du côté de la mort. Si cela pleure en moi, je laisse couler les larmes, les accueillant paisiblement comme *tout* ce qui est exprimé, verbalement et non verbalement. Si cela rit en moi, au détour d'une anecdote ou d'un détail particulièrement humoristique rapporté sans cynisme et sans double message, je ris de bon cœur.

À la fin du récit, je remercie celui ou celle qui nous a permis d'entrer dans son histoire personnelle. Un ou tout au plus quelques mots suffisent. L'intensité du moment, la profondeur du partage, le sentiment d'être en présence de la vérité nue au cœur de l'humanité polarisent la solidarité et la communication entre toutes les personnes présentes à la manière d'un puissant aimant. Sans avoir besoin d'élever beaucoup la voix, j'invite chacun à prendre quelques instants pour fixer, en lui ou sur un bout de papier, ce qu'il veut ne jamais perdre de ce qu'il vient de recevoir et pour se découvrir davantage en prenant conscience de ce qui l'a rejoint, touché directement.

Puis-je décrire brièvement les comportements mis en œuvre en vue de faciliter le processus de récit de vie? Pendant la première phase, celle du récit, je n'interviens verbalement que très peu. Mes interventions se situent surtout dans l'espace du non-verbal. Pendant la phase de recherche de sens, les interventions qui me viennent le plus facilement sont de type métaphorique. C'est comme si je cherchais un langage à la fois évocateur de sens et qui ne s'éloigne pas trop de l'expérience. En fait, je pars de ce que les groupes font remonter dans l'assemblée plénière pour construire avec eux. Il m'arrive aussi de suggérer des directions à explorer, de vérifier si ce qui est dit va jusqu'à tel point, inclut telle idée, etc. À d'autres moments, je relie ce qui est dit à une théorie explicative, un modèle descriptif connu, permettant ainsi au groupe des références multiples et des inférences stimulantes pour la créativité. Pendant la phase d'engagement, je me contente d'animer la discussion le mieux possible et ainsi, de faciliter pour le groupe la construction des consensus.

Les membres du groupe

Avec les personnes qui acceptent de raconter leur histoire de vie, et à plus forte raison avec celles qui ont connu des épisodes d'intense souffrance, il m'apparaît nécessaire d'agir comme avec les grands brûlés. Tout au long de l'écoute des récits, il importe d'être des plus vigilants afin de maintenir l'atmosphère du groupe libre de tout microbe, en particulier celui du jugement évaluant.

Les membres du groupe sont invités à écouter en exposant leur être à l'expérience du récitant, cherchant avant tout à considérer les choses du point de vue de cette personne et non de leur propre point de vue. Comme dans un mouvement naturel, cette ouverture à l'altérité se prolonge dans un regard positif porté sur la personne, l'acceptant comme elle est, inconditionnellement. C'est un véritable travail pour les écoutants que de développer les attitudes propices à l'expression vraie du récitant, l'écoutant sans le figer dans ce qu'il a vécu, sans le réduire à ce qu'il exprime.

En même temps, chaque écoutant est convié à écouter non seulement ce que lui communique le récitant mais également ce qui se passe en lui et à réajuster son attitude au besoin. Au moment du feed-back, il aura pour tâche de dire à l'autre, sans aucun jugement, quelque chose de lui-même qui se situe exactement dans l'axe de ce qui a été éprouvé pendant qu'il écoutait.

Les attitudes des écoutants seront facilitées par la façon dont l'animateur écoute et dont il se comporte au fil de tous les récits. De plus, ce dernier reformulera les expressions maladroites avec tout le respect et le doigté possibles: «Pour toi...», «Ce qui t'as le plus questionné (ou touché ou impressionné, etc.), c'est...».

Lors des deuxième et troisième phases, en plus d'apporter son éclairage pour enrichir la relecture des événements et de participer aux décisions relatives à l'avenir, chaque membre du groupe devra conserver ces mêmes attitudes et réserver son jugement pour ses propres comportements ou pour les situations politico-socio-économiques qu'il aura analysées en groupe.

Pour arrêter sans conclure

Chaque expérience d'accompagnement du processus de récit de vie, qu'il soit effectué individuellement ou en groupe, est unique. Le processus décrit ci-haut ne constitue en rien une procédure obligée et encore moins un tracé précis selon lequel il faudrait absolument contrôler la démarche des récitants. Bien au contraire!

J'ai tenté, dans les pages qui précèdent, d'identifier le canevas sur lequel chaque expérience nouvelle prend sa forme propre. Certes, la couleur, la texture, le dessin varieront et feront de chaque processus accompagné un événement singulier, une pièce unique de haute lice. J'ai seulement cherché la trame sur laquelle les fils peuvent s'entrelacer sans trop s'emmêler. Dans le feu de l'action, il est parfois utile d'avoir à sa disposition certains points de repère pour orienter les choix...

Notes

1. Selon les mots empruntés à David Kolb (1976) pour décrire les deux premières étapes du processus d'apprentissage expérientiel.
2. Ce sont les trois attitudes nécessaires et suffisantes à la communication selon Carl Rogers. Il les a nommées «congruence, empathy, unconditionality of regard» (Rogers 1962).

Bibliographie

KOLB, D. (1976). *The Learning Style Inventory: Technical Manual*. Boston (MA): McBer & Co.
ROGERS, C. (1962). «The Interpersonal Relationship: The Core of Guidance». *Harvard Educational Review* XXXII (4), repris dans C. ROGERS et B. STEVENS (éds). *Person to Person: The Problem of Being Human. A New Trend in Psychology*. Lafayette (CA): Real People Press: 89-103.

À propos de quelques facteurs valorisant le changement en profondeur dans le travail de l'histoire de vie avec des éducateurs

JEANNE-MARIE GINGRAS
Professeure, Département de psychopédagogie et d'andragogie
Université de Montréal

Le *Réseau québécois pour la pratique des histoires de vie* regroupe des professionnels de divers horizons: intervenants en formation, en recherche, en intervention, partageant un même intérêt pour l'histoire de vie. La création de ce nouveau *Réseau* témoigne de nos besoins d'échanger et de notre désir de faire progresser les travaux sur le recours à l'histoire de vie dans nos milieux respectifs. Nous cherchons ainsi à mieux comprendre cet outil, à cerner son impact et à clarifier les conditions les plus propices à son utilisation.

Pour ma part, je suis professeure dans une faculté d'éducation et j'ai recours au travail de l'histoire de vie depuis une dizaine d'années. J'ai fait l'expérience de la valeur formatrice de l'histoire de vie tant en recherche[1] qu'en formation. Je suis personnellement convaincue du bien-fondé de son utilisation dans le domaine que je connais, celui et de la recherche et de la formation en éducation. Au reste, je renvoie, à cet égard, aux témoignages d'Isabel Rodrigues et de Robert Rose, tous les deux ayant participé à un cours de deuxième cycle que j'ai mis sur pied en 1992 et intitulé: *Histoire de vie et pratique de formation*. Malgré l'implication et les exigences du genre de travail proposé, les étudiants ont réservé un accueil chaleureux à ce cours qui est et, à mon avis, doit demeurer facultatif. Ceux qui s'y inscrivent librement sont à la fois heureux et un peu anxieux de se voir proposer un lieu de formation défini essentiellement comme un espace d'*autoformation* où ils seront les seuls maîtres à bord. En effet, ce sont ici les étudiants qui, à partir de leurs préoccupations personnelles et professionnelles *actuelles*, rédigent un récit de leur vie. Après avoir fait le tri des facettes de leur histoire qu'ils souhaitent retenir et qu'ils ont le sentiment d'avoir intérêt à approfondir, ils choisissent l'orientation et la coloration qui leur semble pertinent de donner au récit qu'ils ont à construire. À l'intérieur d'un cadre commun, ce sont les étudiants eux-mêmes qui sont à la barre, qui décident de la direction dans laquelle ils veulent explorer et qui opèrent en cours de route les ajustements leur paraissant nécessaires. Ce cours offre donc à ses participants l'occasion d'une prise en charge plus active de la formation qu'ils ont reçue, puis un environnement pédagogique les remettant en contact avec les sources de leur créativité afin d'injecter plus de dynamisme dans leur vie personnelle et professionnelle présente et future. Voilà le contexte dans lequel j'ai fait des observations sur les effets du travail de l'histoire de vie et que j'ai été invitée à partager avec vous aujourd'hui.

Par ailleurs, le comité organisateur a orienté le symposium de cette année vers l'étude de ce qu'il a appelé le *pouvoir transformateur* de l'histoire de vie. Qu'est-ce à dire? Certains seront portés à se demander si on ne fait pas de la surenchère en ayant recours à des termes aussi forts pour décrire l'effet produit par le travail de l'histoire de vie... Je ne partage pas ce scepticisme parce que, dans ma pratique de formation, j'ai été témoin de changements importants et durables attribuables au travail de l'histoire de vie. Cependant, je ne m'arrêterai pas ici aux effets que j'ai constatés, mais à un certain nombre de facteurs permettant de comprendre l'impact de ce genre de travail sur ceux qui acceptent de relever le défi qu'il présente. Dans ce qui suit, je me pencherai sur ce qui me semble favoriser le *pouvoir transformateur* de l'histoire de vie. Je m'arrêterai d'abord à la *variété des rôles* que l'étudiant joue dans ce séminaire. Puis je mettrai en lumière comment, en composant leur récit de vie, les participants vivent un véritable *processus créateur* de sa conception à son achèvement. Enfin, j'attirerai l'attention sur trois caractéristiques de la situation pédagogique dans laquelle nous travaillons: la quête de sens, l'accès à un *espace potentiel* et une *présence d'accompagnement*.

Commençons par le commencement: le nettoyage de la situation verbale. Parler du *pouvoir transformateur* de l'histoire de vie renvoie au mot *transformation*. Devant ce mot, plusieurs images me viennent à l'esprit: l'humble gland se métamorphosant en chêne; l'œuf fécondé où se forme un poussin; l'embryon humain qui, en se développant, devient un bébé comme celui que nous avons tous été. Soit! Voilà des exemples probants de transformations facilement observables et que personne, il me semble, ne sera tenté de contester. Toutefois, si nous parlons du *pouvoir transformateur* de l'histoire de vie, de quoi parlons-nous? Car nous n'avons pas ici affaire à des bébés ou de jeunes enfants, ni même à des adolescents. Les étudiants avec lesquels je travaille sont des adultes. Leur âge varie de la petite vingtaine à la soixantaine bien comptée. S'il est vrai que certains se *transforment,* de quelle sorte de *transformations* parlons-nous ici?

D'abord, à ceux qui sourient encore d'ironie devant le mot «transformation» lui-même, je me permets de poser une question: malgré ce que d'emblée vous êtes portés à penser, êtes-vous bien sûrs que, pour tenir compte de la réalité, il ne faudrait pas plutôt retourner bout pour bout la question? Comment? Au lieu de nous étonner et de trouver ce mot ambitieux, voire présomptueux, ne serait-il pas plus utile d'adopter une position à moins courte vue et d'accepter de remettre en question notre façon habituelle de voir les choses? Peut-être alors aurions-nous la surprise de nous rendre compte que, à la vérité, contrairement aux apparences, la *transformation* n'est pas tant un fait exception, qu'un trait essentiel et inéluctable de la vie de tout un chacun! À la réflexion, ne vivons-nous pas tous, sans répit, tout au long de notre vie, des modulations façonnant et remodelant sans cesse nos existences? Seulement, sauf pour les chocs et bouleversements faisant irruption dans nos vies, ces changements se produisent habituellement à une échelle et à un rythme tels que, dans la vie quotidienne, notre conscience ne peut pas facilement les percevoir directement... Ce qui, faut-il le préciser, n'enlève rien à la mouvance essentielle et perpétuelle dans laquelle se déroulent nos vies. À cet égard, une observation de Valéry me semble bien résumer notre situation réelle:

> [...] nous sommes perpétuellement altérés, convertis par le simple mouvement de nos idées, par le glissement de nos êtres que nous ne pouvons retenir de se modifier. Nos nouvelles certitudes ne changent rien à notre possiblité de changer; elles font partie de ce qui change; [...] (1957 [1898]: 745-746)

Dans cette perspective, plutôt que de nous étonner d'entendre évoquer un supposé *pouvoir transformateur* de l'histoire de vie, ne devrions-nous pas, en effet, nous interroger sur le *si peu d'impact,* de tant de situations éducatives? Car si nous sommes en réalité constamment en train de changer, ne serait-il pas raisonnable de nous attendre à ce que les contextes de formation dans lesquels nous évoluons *accentuent et amplifient* les changements que nous vivons? S'ils le faisaient effectivement, nous nous sentirions davantage en train de grandir, d'évoluer, de changer, parce que nous réorganiserions notre monde intérieur et que nous nous transformerions ainsi peu à peu vers des états toujours plus unifiés, harmonieux et créatifs de *ce que nous sommes authentiquement,* mais seulement *potentiellement* et qu'il nous faut donc, en conséquence, travailler longuement, lentement et difficilement à actualiser.

Quand je me retrouve en situation d'apprentissage, je vis des changements de divers ordres: j'acquiers de nouvelles connaissances, je comprends des données complexes, j'améliore mes habiletés cognitives ou psychomotrices, je développe une capacité accrue d'analyse, de synthèse, d'évaluation, j'accrois ma maîtrise de stratégies de résolution de problèmes, etc. Quand je parle *d'apprentissage,* je renvoie à cette sorte d'enrichissements. Toutefois, d'une manière habituelle, ces changements ne touchent pas ma personne elle-même dans son organisation interne, ni ma perception de moi et du monde extérieur ou mon attitude à l'endroit de moi, des autres, du monde. Quand, en revanche, je parle de *transformation,* je n'exclus évidemment pas des apprentissages comme ceux évoqués, mais je songe, de surcroît, à des changements se produisant dans mon monde intérieur. Quelle sorte de changements? Des modifications dans mes attitudes profondes, dans ma perception de moi-même et des autres et ayant un impact sur les relations que j'établis, tant avec moi-même qu'avec autrui: proches, collègues, élèves ou étudiants. À cet égard, je suis souvent portée à me juger moi-même assez durement, déplorant le fait que j'arrive si peu souvent à la hauteur de mes propres attentes.

Cependant, quand le travail de l'histoire de vie m'aide à comprendre un trait de personnalité que je n'aime pas, une difficulté récurrente à laquelle je me bute, un échec répété qu'une partie de moi a l'air de provoquer dans des circonstances pourtant variées, je pousse un soupir de soulagement. Quand je vois tout à coup clairement les racines, dans mon *passé*, de ce que je vis dans le *présent,* ma perspective se met à changer et mon rapport à la réalité aussi. Je deviens plus indulgente envers moi-même, je reprends courage et espoir et je me mets à faire des efforts pour changer. Quand je découvre le sens et la portée souvent non conscience de plusieurs de mes sentiments et comportements, je deviens assurément plus tolérante à mon endroit et je commence à avoir une certaine prise sur ce qui m'arrive. Ainsi, en tenant compte du contexte de notre vie et en recadrant notre manière de la comprendre, trouvons-nous parfois des éléments inédits éclairant des problèmes demeurés longtemps non résolus. Alors l'espoir montre le bout du nez en souriant et, avec lui, de nouveaux comportements font leur apparition. Nous nous mettons à prendre des initiatives qui nous surprennent nous-mêmes, puisque nous savons que nous en étions auparavant incapables et qu'elles sont devenues possibles, se mettant à venir tout naturellement, comme si elles coulaient de source. J'ai ainsi directement observé une foule de changements assez importants pour qu'ils méritent, à mes yeux, de porter, en toute légitimité, le nom de «transformations».

Mais comment le travail de l'histoire de vie induit-il cette sorte de changements modifiant notre représentation de la vie, de nous-mêmes, d'autrui, de nos rôles personnels et professionnels? Qu'est-ce qui nous aide ainsi à réorganiser le sens de notre expérience, puis à modifier, assouplir, enrichir notre manière de concevoir et de jouer notre rôle d'éducateur ou de formateur? D'où viennent. une confiance en soi retrouvée, un sentiment accru de prise sur l'évolution de sa vie, une audace inattendue nous permettant, à un moment donné, de nous mettre à exercer nos fonctions professionnelles d'une façon plus libre et créative?

La variation des rôles dans le travail de l'histoire de vie

Ce séminaire se déroule du début du trimestre d'automne (septembre) jusqu'à la fin du trimestre d'hiver (mi-avril)[2]. Pendant ce temps, nous parcourons plusieurs étapes au cours desquelles les étudiants sont appelés à être acteurs, auteurs et lecteurs de leur propre histoire de vie. Ces changements de rôle exigent l'adoption de points de vue variés qui apportent des éclairages entraînant souvent des prises de conscience significatives.

Dans quel sens entendre ici les mots «auteur», «acteur» et «lecteur»? Comme au théâtre où...
- l'*auteur* est la personne qui écrit la pièce;
- l'*acteur,* la personne qui la joue;
- le *lecteur*, la personne qui lit la pièce, la déchiffre, cherche à la comprendre... Ce rôle correspond à celui du *spectateur* assistant à une représentation imaginée par l'*auteur* et incarnée par des *acteurs.* En tant que spectateurs, nous regardons, écoutons, réagissons, nous nous sentons plus ou moins touchés, agacés, intrigués, parfois bouleversés par ce qui se joue devant nous... puis nous réfléchissons à ce que nous voyons, l'interprétons, le transposons, etc. Il arrive qu'au sortir d'une représentation, nous soyons si touchés que, le spectacle terminé, nous rentrons à la maison et reprenons le fil de notre vie, mais différemment, puisque nous sommes *changés.* En tout état de cause, pour faire bref, nous ne nous trompons pas en retenant que... l'auteur *écrit,* l'acteur *agit* et le lecteur *lit*!

Revenons au séminaire et imaginons un continuum représentant le temps dans son déroulement, de septembre à avril:

———————————————————→

Puis, sur ce continuum, délimitons des temps.

$T_{vq}, T_1, T_2, T_3, T_{v'q'}$

T_{vq} ——— T_1 ——— T_2 ——— T_3 ——— $T_{v'q'}$ →

(septembre – décembre)   (janvier – février)   (mars – avril)

T_{vq} correspond au temps *avant* l'inscription au séminaire[3]. C'est le temps de l'acteur.

T_1 marque le début du séminaire. C'est un temps où l'étudiant devient *auteur* du récit de vie.

T_2 commence une fois le récit terminé. C'est le temps de se faire lecteur du récit de sa vie.

T_3 est un temps de recul, d'interaction et de synthèse. Il y a d'abord *colloque*, à l'intérieur de l'étudiant, entre l'*acteur*, l'*auteur* et le *lecteur*, puis des échanges entre les membres du groupe.

$T_{v'q'}$ marque le retour en force de l'acteur se replongeant dans ses activités professionnelles.

Maintenant, apportons quelques précisions sur chacune de ces étapes. T_{vq} correspond au temps *précédant* l'inscription au séminaire. Les étudiants sont alors des acteurs engagés dans une pratique d'enseignement, de formation des adultes, d'animation sociale, etc. Ils jouent aussi des rôles familiaux et sociaux: mère ou père de famille, ami, sœur ou frère, citoyen, membre d'une chorale, d'une équipe sportive, bénévole, etc. Dans la vie quotidienne, plusieurs d'entre eux sont engagés dans des pratiques où ils assument de lourdes responsabilités. Fort occupés à *jouer* l'histoire de leur vie, ils alternent entre des rôles professionnel, syndical, familial, social, sportif, politique, etc. Comme la plupart d'entre nous, ils ne se sentent pas généralement *auteurs* de toutes ces obligations qu'ils s'évertuent à rencontrer, mais plutôt des exécutants souvent essoufflés par tout ce qu'il leur faut accomplir dans une même journée. Quant au rôle de *lecteur,* celui-ci est restreint, à ce stade-ci, sinon comme loisir. Mais, en ce qui a trait à *lire* ou *relire* le sens de sa vie et de ses engagements, dans le feu de l'action, qui en a le temps? Ainsi les rêves d'autrefois, les motifs de nos choix, les événements et rencontres jalonnant notre vie, rares sont ceux parmi nous qui trouvent ou prennent le temps de s'y arrêter pour y jongler... Parfois surgit une crise qui nous bouleverse et nous déstabilise d'une manière telle, qu'on ne peut pas passer à côté. Devant la disparition d'un proche, une maladie, la perte de son emploi, nous ne pouvons éviter de nous interroger sur la vie... et sur ce qui donne un sens à la nôtre...

T_1 commence avec le début du séminaire. C'est un temps pendant lequel chacun se fait *auteur*. Chaque participant rédige deux récits de sa vie: l'un spontané (2 pages) à l'arrivée et l'autre, plus élaboré (20 pages) pour la rentrée de janvier. Pendant cette période, l'étudiant se retire et diminue, au moins partiellement[4], son activité d'*acteur*, afin de se réserver un temps et un espace pour se faire *auteur* et se mettre, littéralement, à l'œuvre: le récit à composer. Avant de prendre ainsi la parole, chaque personne doit fouiller pour retrouver les matériaux dont elle a besoin, puis décider de ce qu'elle retient et de la manière dont elle veut aborder son histoire de vie. Quant au rôle de *lecteur*, il intervient ici quand chacun replonge dans des documents témoignant de sa vie passée et s'interroge sur le sens pour soi des éléments de continuité marquant sa vie, puis des événements et ruptures l'ayant bouleversée.

T_2 commence en janvier, une fois le récit de vie terminé. C'est un temps de distanciation par rapport à son texte. L'*acteur* est toujours en retrait; l'*auteur* est alors autorisé à prendre un repos bien mérité. Et c'est au *lecteur* de prendre la relève. Je suggère aux étudiants de se détacher le plus possible de leur texte et de le lire et le relire comme s'il provenait de quelqu'un d'autre et de s'efforcer, au surplus, d'adopter une variété de points de vue à son sujet[5]. À cet égard, je m'appuie, entre autres, sur un extrait des *Cahiers* de Valéry que j'interprète, dans le contexte qui est nôtre, comme une incitation à prendre du recul par rapport au texte qu'on lit (ici, le récit) et à essayer de le considérer dans un contexte plus large:

> Il y a deux manières de lire: l'une s'attache à digérer l'écrit, comme signifiant quelque chose; l'autre à cet écrit comme acte de l'auteur. On peut examiner le coup de hache dans l'arbre; ou rechercher par qui, pourquoi, quand et comment il fut porté. (Valéry, 1957-1961 [1916]: 171)

La première manière de lire consiste à déchiffrer le texte et la deuxième, à le regarder comme l'aboutissement du geste de quelqu'un, comme ce «coup de hache» dans l'arbre évoqué par Valéry. Je puis regarder la marque dans l'arbre faite par la hache, ou, dans le contexte du séminaire, considérer le texte produit en lui-même. Mais je puis aussi prendre du recul et l'examiner à distance, me demandant, par exemple: Qui a donné ce coup? Avec quel outil? Pourquoi ce coup a-t-il été porté? Ou *mutatis mutandis*: Qui a pris la parole dans ce récit? Quelles étaient les intentions plus ou moins conscientes de son auteur? Comment l'auteur de ce récit s'y est-il pris pour composer son texte? En nous posant ce genre de questions en apparence inoffensives, nous apprenons parfois des choses étonnantes sur nous-mêmes...

Un seul exemple: s'interrogeant sur l'identité de l'auteur de son récit, une étudiante écarquilla les yeux d'étonnement en découvrant tout à coup que, du début à la fin de son récit, elle n'avait utilisé que la 3e personne... Ce n'est que dans la toute dernière phrase qu'elle s'était permis d'utiliser le «je». Se penchant sur ce fait, elle prit conscience des liens entre la manière actuelle dont elle avait parlé d'elle-même et le sentiment envahissant d'impuissance ressenti lorsqu'elle était enfant. Toute jeune, elle s'était trouvée entraînée par des événements sur lesquels elle n'avait eu aucune prise: séparation d'avec ses grands-parents qu'elle adorait, déménagement dans un pays étranger, arrivée dans une école dont elle ne comprenait pas la langue, etc. Cette prise de conscience eut sur elle d'importantes répercussions.

T_3 correspond à une période de mise en rapport et d'échange à l'intérieur de chacun entre l'acteur de la vie professionnelle, l'*auteur* du récit et le *lecteur* qui pose des questions parfois fort indiscrètes. C'est aussi le temps d'explorer plus systématiquement les rapports entre son histoire personnelle et sa pratique professionnelle. À cette étape, chacun prend au surplus la parole devant l'ensemble du groupe, partageant son cheminement et certaines de ses découvertes avec les autres participants du séminaire. Cette fenêtre entrouverte sur une vingtaine d'autres trajectoires de vie est une occasion vraiment privilégiée de prendre conscience de la diversité, de la complexité et de l'extraordinaire richesse de l'être humain et de son cheminement. Cette ouverture à d'autres existences réagit sur le regard que nous portons sur la nôtre, enrichissant la manière dont nous la voyons, assouplissant la vision que nous nous en formons, la diversifiant... et parfois la changeant radicalement.

Vers la fin du séminaire chacun est invité à faire une synthèse de ses acquis. L'*acteur* demeure en retrait; mais, après l'étude d'une question et l'écoute des autres membres du groupe, le *lecteur* est plus actif que jamais, lisant et relisant son récit à la lumière des témoignages entendus, mais aussi des nouvelles informations recueillies, notamment dans ses lectures. Puis, l'*auteur* se réactive, à tout le moins pour rendre compte du fruit de sa démarche et de sa réflexion. Mais, parfois aussi, le besoin s'en faisant sentir, pour refaire une troisième version du récit de sa vie. Chacun prend librement la décision lui semblant la meilleure à ce sujet.

$T_{v'q'}$ marque la fin du séminaire: les membres du groupe se dispersent. L'étudiant redevient *acteur*... mais un acteur différent. Un *acteur* certes engagé dans une pratique quotidienne, mais se sentant un peu plus l'*auteur* de sa vie, de ses choix, de sa pratique, puis se faisant dorénavant plus volontiers *lecteur actif* des événements, étant, de surcroît, plus conscient de l'importance d'explorer le sens des choses et d'examiner des voies alternatives de compréhension des joies ou tribulations par lesquelles nous passons. Nous devenons ainsi plus attentifs pour veiller à ne pas asseoir nos vies personnelle et professionnelle sur des fondations trop étroites et restrictives. Et il arrive que le genre de questionnement encouragé dans le travail sur le texte du récit se transpose dans la vraie vie. On s'interroge alors davantage et on remet plus facilement en question ce qui semble, à première vue, aller de soi. J'avais interprété tel incident d'une façon donnée: n'y a-t-il pas une autre manière de le comprendre? Ce genre de travail encourage chaque individu à faire plus volontiers une lecture *plurielle* de la réalité. Un étudiant ayant appris les circonstances entourant sa naissance comprend mieux les raisons de l'angoisse qu'enfant, il sentait chez ses parents; un autre reprend contact avec des blessures enfouies qui avaient besoin d'être guéries avant qu'il ne puisse retrouver sa sensibilité; une participante se découvre des ressources insoupçonnées de courage et de créativité: elle se met à s'en servir plus activement au jour le jour; une autre prend conscience que sa promptitude à dépanner les autres lui servait d'écran la distrayant de ses propres manques à combler et de son sentiment personnel de vulnérabilité... Chaque personne reprend sa vie quotidienne, redevient principalement acteur de sa vie, mais avec plus de conscience, plus de confiance aussi, parce qu'elle a compris, par exemple, que cette vocation auprès des personnes âgées est née de sa relation privilégiée avec sa grand-mère tant aimée ou encore, que son travail avec de jeunes décrocheurs entretient un lien caché avec son propre sentiment persistant d'avoir été et de demeurer, malgré son rôle social reconnu, profondément marginale... Voilà une idée de la manière dont la variation des rôles joués dans le travail de l'histoire peut nous aider à évoluer.

L'engagement dans un processus créateur

Par ailleurs, étant donné que je viens des horizons de la créativité, je propose le travail de l'histoire de vie comme une occasion privilégiée de vivre un processus créateur de sa conception à son achèvement. Je m'appuie à cet égard sur une représentation se trouvant dans les *Cahiers de Valéry*[6] (1957-1961[1923]: 455). On découvre, tout à coup, sur une page, sans lien évident avec ce qui précède et ce qui suit, ceci:

Formule de l'art:

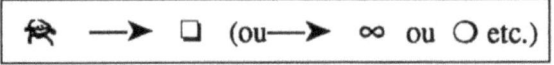

De quoi s'agit-il? On voit d'abord un gribouillis, une sorte de nébuleuse, puis une flèche sortant de ce chaos et orientée vers la droite. Là apparaissent des formes: cercle, carré, triangle, puis, entre parenthèses, le signe mathématique de l'infini, indiquant qu'il n'y a pas de limite quant à la variété des formes auxquelles ce processus donne naissance. Par ailleurs, remarquons que le mouvement va de gauche à droite, du désordre vers un ordre croissant. Ainsi, quand je choisis de «me mettre à l'œuvre» pour élaborer un récit de ma vie, je vis un mouvement analogue, partant d'un fouillis initial inextricable à partir duquel j'ai à trouver, à *inventer*, à façonner peu à peu un récit de ma vie. Mon récit sera différent de celui de ma voisine, mais il aura, dans sa forme finale, un aspect circonscrit: dans ce séminaire, ce sera un texte de vingt pages. Regardons maintenant les grandes étapes de ce mouvement du tohu-bohu initial jusqu'au récit final.

Le chaos

Pour arriver à composer un récit de ma vie, il me faut d'abord rechercher et rassembler les matériaux éclairant mon histoire de vie. Je fouille mes souvenirs; je plonge aussi dans les traces du passé que j'ai conservées (journaux, lettres, photos, etc.), puis je déterre les documents de famille que je puis retrouver (contrats, coupures de journaux, écrits de diverses natures, etc.). Par ailleurs, je questionne les survivants ayant été témoins des événements importants de ma vie. Me voilà, après un certain temps, devant une montagne de données disparates constituant le point de départ à partir duquel je me mets au travail pour construire un récit de ma vie. Il y a certes du plaisir à explorer tous ces éléments me concernant, mais je ressens également de l'anxiété. D'abord, parce que le chaos c'est toujours plus ou moins inconfortable. Plongée dans un magma de sensations, de souvenirs, de sentiments, de documents, comment arriver à retrouver mon chemin et à construire du sens? Ensuite, remuer le passé ramène à la surface des moments heureux, mais aussi le souvenir de périodes plus difficiles à vivre. Il faut donc résister à la tentation de sortir trop tôt de ce chaos, si je veux non seulement raconter, au fil de la plume, ma vie, mais vraiment créer un récit de ma vie. Qu'est-ce à dire? Fuir le chaos à cause du désagrément que je ressens à rester dedans n'est pas la solution la plus heureuse... et ce n'est surtout pas créer. Si je veux vraiment aller de l'*informe* vers une *forme* qui se définit peu à peu, qui s'articule au fur et à mesure que j'avance, il m'est nécessaire de supporter le chaos jusqu'à ce qu'une inégalisation se produise. Une inégalisation? Oui, jusqu'à ce qu'une idée me vienne comme un déclic, une étincelle, un «flash» se produisant, tout à coup, et me touchant affectivement. Car, à la vérité, on ne crée pas seulement avec sa tête, mais de tout son être... quand quelque chose nous touche, nous communique de l'énergie, et nous met en quelque sorte en mouvement...

Ce «quelque chose» qui me rejoint et me touche au cœur de moi constitue une sorte de «germe créateur» sur lequel je n'ai pas de contrôle direct: je puis seulement m'ouvrir à son éventualité, l'attendre et, quand il arrive, l'accueillir, puis lui offrir ce dont il a besoin pour grandir, évoluer, se développer jusqu'à la pleine maturité. Quelques exemples: une personne au mitan de la vie sent le besoin de faire un bilan; elle retrace sa quête de sens depuis son enfance. Un participant vivant des problèmes de discipline avec ses élèves dans sa classe sent le besoin d'orienter son récit vers un examen de son propre rapport à l'autorité au cours des années. Enfin, un étudiant venant tout juste de prendre sa retraite choisit de remonter le courant du temps afin de mieux circonscrire le rôle fondamental de l'école tout au long de sa vie, comme apprenant, d'abord, puis comme enseignant consacrant sa vie à l'éducation[7].

La gestation
    La deuxième phase s'amorce quand j'ai trouvé l'angle sous lequel je vais aborder la création de mon récit. Elle est caractérisée par un travail conscient aux multiples facettes. D'abord, j'accueille tout ce qui vient, puis je tâtonne à gauche et à droite, revenant sur mes pas, quand je me rends compte que je me suis engagée dans un cul-de-sac; puis, poussant plus avant quand, à l'expérience, le chemin s'avère plus prometteur. Je lutte avec les matériaux pour en tirer ce dont j'ai besoin pour élaborer un récit cohérent. Puis, au milieu de cette phase, peu à peu une forme se dégage. Elle commence à émerger, à force de patience et d'efforts répétés. C'est une période où je vis des hauts et des bas: des éclairs de génie, puis des chutes d'intérêt et des moments de découragement devant la montagne de données que j'ai à traiter et parmi lesquelles je cherche mon chemin. Comment m'orienter, quels points de repère retenir, comment discerner entre ce qui est important et ce qui n'est que contingent? Enfin, vers la fin de cette étape, la forme se dessinant de plus en plus clairement, il s'agit d'être cohérent avec les décisions déjà prises et d'exécuter les gestes nécessaires pour conduire le récit jusqu'à son achèvement.
    J'aimerais proposer ici une image illustrant cette étape: celle d'un sculpteur ayant une idée pour réaliser une œuvre dans une matière donnée (bois, argile, marbre, etc.). Il commence par tailler le morceau dans lequel il va travailler, puis il s'affaire à façonner sa pièce grossièrement, d'abord, avant de modeler le détail de sa sculpture, puis de lui donner peu à peu

sa forme définitive et de la peaufiner. Dans notre séminaire, les étudiants disposent chacun d'un «bloc» aux dimensions similaires: un texte de vingt pages. Ils doivent pour ainsi dire «sculpter» un récit de leur vie qui entrera dans l'espace alloué.

L'achèvement

La troisième phase du processus créateur représenté par Valéry concerne l'achèvement de «l'œuvre», ici, le récit. Ainsi, à cette étape, les étudiants ont laissé loin derrière eux ces souvenirs pêle-mêle, ces données disparates, ces anecdotes se bousculant dans leur tête à qui mieux mieux, afin d'obtenir leur attention. Ils ont donné forme à leur récit qui comporte maintenant un début, un milieu et une fin. Puis, tout au long des pages, ils ont tissé des fils élaborant peu à peu du sens. Par ailleurs, en tant que responsable du séminaire, puisque je travaille avec le récit de vie dans un contexte universitaire de formation, j'accorde de l'importance à la clarté, à la précision, à la cohérence des récits produits. Il ne suffit pas d'écrire un texte échevelé, fait de pièces et de morceaux allant dans toutes les directions, racontant de-ci, de-là, des bribes de la vie de son auteur. Chacun est tenu de parachever son récit au meilleur de son possible à ce stade-ci de sa vie. L'achèvement approche et c'est passionnant, mais c'est aussi fort exigeant et, par moments, comme tout travail long et complexe, carrément fastidieux. Pour mener le récit à terme, il faut insérer des dates, compléter certains détails, assurer des transitions harmonieuses, respecter l'équilibre de l'ensemble, etc. Mais ce combat avec les matériaux n'est pas inutile. Au contraire, l'activité de l'auteur réagit sur sa personne et lui profite en premier lieu. C'est d'ailleurs, à mon avis, l'un des aspects les plus méconnus et les plus originaux de la pensée de Valéry que d'avoir mis en lumière la valeur transformatrice de l'activité créatrice pour la personne qui s'y adonne:

> L'objet des œuvres [ici, du récit de vie], pour moi, n'est pas la visée extérieure de leur effet – mais la modification résiduelle que la fabrication peut accomplir dans le fabricateur — (en disant toutefois que la visée extérieure doit figurer d'une certaine façon — dans les conditions de la fabrication mais non à titre de fin. [...] (Valéry, 1957-1961 [1943]: 45)

Autres facteurs à considérer...

La quête de sens

Un facteur important me semblant accentuer le pouvoir formateur et transformateur du travail de l'histoire de vie, se trouve dans la quête de sens. Que faut-il entendre par là dans le contexte décrit? Pour arriver à rédiger le récit de ma vie, il me faut lui trouver un sens, un fil, une continuité: autrement, je présenterais en vrac un amas de données disparates. Or, ce sens de mon existence, il ne peut venir que de moi... Non pas qu'il vienne exclusivement de moi, mais il ne peut venir au contraire uniquement de l'extérieur, sans que j'en sois aliénée. À partir des événements, des rencontres, des circonstances de ma vie, je suis seule à pouvoir trouver, élaborer, construire un sens. Il va de soi que, à cet égard, je ne puis compter sur aucun «expert» extérieur pour m'éclairer sur le sens de ma vie. Ainsi, même avec la recherche la plus exhaustive qui soit, en bibliothèque, aucun ouvrage ne m'aidera à découvrir le sens des événements marquant ma vie, mon développement, mes choix personnels et professionnels.

Formulé de cette manière, ce que je viens de dire prend une allure primaire; pourtant, l'habitude, à tout le moins dans nos milieux universitaires, est généralement de commencer par consulter et écouter les «experts», plutôt que de s'interroger sur son propre rapport à un sujet donné et sur le savoir d'expérience qu'on en possède.

Or, dans le présent cas, je sais à l'avance que ce recours ne m'apportera aucune réponse, pas même un embryon d'élément me permettant d'éclairer le sens de ma vie. Et c'est tant mieux: je suis alors obligée de cesser de chercher des réponses toutes faites à l'extérieur de moi; et je suis confrontée à la nécessité de me mettre moi-même à l'œuvre pour trouver, articuler, construire la signification de ma trajectoire de vie tant personnelle que professionnelle. Car ce sens n'étant pas préétabli, ni préfini, j'ai, en conséquence, à l'élaborer de toutes pièces, ce qui ne peut se faire que lentement et difficilement. Je propose aux étudiants, dans cette perspective, divers exercices permettant de retourner dans son passé et de sentir le mouvement de sa vie (Gingras 1990). Ce travail est fort passionnant, mais aussi, très souvent, assez ardu. À cet égard, au reste, il faut insister sur le fait que rien de ce que l'on peut lire ou de ce que d'autres peuvent nous dire à propos de ce qui nous importe, n'arrive à nous toucher aussi intimement et aussi profondément que ce que nous découvrons nous-mêmes par nos propres moyens et grâce à nos propres efforts. Ce que nous nous approprions en nous activant nous-mêmes, en nous mobilisant pour surmonter les difficulTés, en affrontant les peines, la douleur et les difficiles prises de conscience, est gravé en nous à jamais! (Moustakas 1967: 28)

Retourner aux sources, sentir le mouvement de sa vie... réactualiser le passé... non pas pour s'y complaire ou s'y perdre, mais dans le but de mieux comprendre le présent, dans l'intention de devenir plus tolérant à l'endroit de nous-mêmes et de nourrir l'espoir sans lequel nous ne pouvons plus continuer à cheminer. En ce sens, je crois que le travail de l'histoire de vie aide aussi à préparer un avenir plus prometteur parce que faisant plus de place à la créativité.

Je voulais aussi parler de deux autres facteurs: l'accès à un *espace potentiel*, puis la *présence* dont nous avons besoin dans ce genre de cheminement. Mais j'ai occupé tout l'espace qu'on m'avait alloué: je réserve donc pour une autre fois le partage de mes observations et réflexions sur ces deux éléments fort importants. Je me contenterai seulement de signaler ceci, pour terminer: je présente aux étudiants ce séminaire comme un espace potentiel, un lieu où il est permis d'explorer les possibles, un espace de jeu où l'on peut rêver, sonder l'inconnu, faire des simulations, aller dans des directions imprévues. Dans cette perspective, nous mettons ainsi à l'essai plusieurs outils favorisant le développement de la conscience et stimulant, de surcroît, notre créativité: journal de bord, détente, visualisation, collage, dessin, travail sur les rêves, images en pénombre, exerces d'imagination active, etc. En ce qui a trait à la sorte de *présence* pédagogique propice au travail de l'histoire de vie, je la caractériserais en parlant de respect, d'écoute active, de présence attentive mais non intrusive. Une présence faisant confiance aux ressources des participants et les encourageant à porter attention à leur intuition, à se mettre à l'écoute de ce qui cherche à se dire en eux, à chercher à identifier ce qui les met en mouvement, de l'intérieur. Une présence leur rappelant que ce qui importe, c'est de faire des pas dans les directions anciennes qu'ils ont besoin d'approfondir ou les directions nouvelles qu'ils désirent explorer. La présence de quelqu'un leur redisant sans cesse que le plus important c'est d'être en mouvement et que, chemin faisant, *ils ont le droit de se tromper*. Ne sommes-nous pas dans un contexte de formation? Cela veut dire que nous sommes là pour apprendre, grandir, évoluer et nous enrichir tout en cheminant vers ce que nous pouvons devenir. Car notre potentiel est en réalité beaucoup plus que ce que nous donnons à voir et aussi beaucoup plus riche que ce nous croyons nous-mêmes! Seulement, nous avons besoin de circonstances favorables pour découvrir ces possibles, les reconnaître comme nôtres et leur faire une place concrète dans nos vies. C'est à mon avis ce que peut offrir le travail de l'histoire de vie dans un espace de formation.

Mes propos me semblent bien insuffisants pour donner une idée quelque peu appropriée de la richesse du travail de l'histoire de vie. J'espère à tout le moins que ce qui précède aura permis à ceux et celles que ces questions intéressent d'entrevoir quelque chose de cet extraordinaire outil de *formation*, d'*autoformation*... et, oui, dans certains cas, de véritable *transformation*.

Notes

1. Au LABO-TIPE dont je fais partie, nous utilisons couramment l'histoire de vie dans un contexte de recherche. Ce laboratoire est rattaché au Département de psychopédagogie et d'andragogie de la Faculté des sciences de l'éducation de l'Université de Montréal. Fondé en 1988 par Édith Fournier, Jean-Claude Hétu, Ali Haramein et moi-même, le LABO-TIPE est un lieu où l'on se penche sur les rapports entre transformation intérieure et pratique éducative. Mes collègues et moi y supervisons, bon an mal an, une quarantaine d'étudiants inscrits dans nos programmes de maîtrise et de doctorat. Ces travaux sont conduits dans une perspective de recherche-formation et selon une approche heuristique (Craig 1978; Moustakas 1990). Nous utilisons plus particulièrement l'histoire de vie pour mettre en lumière le savoir d'expérience de nos étudiants (des praticiens en éducation ou en formation) et explorer les liens entre leur sujet de recherche et leur histoire de vie (Gingras et Haramein 1994).
2. Il est exceptionnel qu'un cours de trois crédits soit étalé sur deux trimestres. Mais étant donné la part importante de recherche et de travail personnel à accomplir, les rencontres sont bimensuelles, de manière à laisser aux étudiants un peu plus de temps pour rencontrer des témoins des événements de leur vie, recueillir et étudier les documents dont ils ont besoin pour arriver à reconstituer l'histoire de leur vie.
3. En appelant ce temps T_{vq}, il y a ici un calembour que seuls ceux qui connaissent le Québec peuvent comprendre d'emblée. En effet, dans la vie quotidienne, l'expression TVQ désigne la taxe de vente instaurée par le gouvernement du Québec et qui s'ajoute à la TPS qui est la taxe du fédéral sur les produits et services.
4. Il est exceptionnel qu'un étudiant puisse se permettre d'être à temps plein aux études. La plupart du temps, les étudiants travaillent en même temps qu'ils viennent à l'université, ce qui prouve l'intérêt des personnes enracinées dans une pratique et fort motivées pour apprendre, mais qui entraîne le désavantage de limiter plus ou moins sérieusement

l'investissement possible en temps et en énergie.

5. Quant aux autres éventuels lecteurs du récit, c'est aux auteurs de résoudre ce problème. À qui souhaitent-ils faire lire leur récit de vie? Et pourquoi? Il est significatif de voir la manière dont chacun arrive à résoudre ce problème parfois fort épineux. Certains partagent en toute confiance avec leurs proches, conjoint, frères et sœurs, parents; d'autres, avec quelques intimes, mais surtout pas avec des membres de leur famille. À chacun de prendre une décision, puis de réfléchir à ce que son choix révèle de soi et de ses relations aux autres.

6. Tout au long de sa vie de poète et d'écrivain, Paul Valéry (1871-1945) n'a cessé de se pencher sur le phénomène de la création. S'interrogeant sur l'expérience de créateurs l'ayant touché, puis sur son expérience personnelle d'une activité créatrice s'exerçant dans le domaine littéraire, il a poursuivi pendant plus de cinquante ans ses observations sur le fonctionnement créateur de l'esprit humain. Toutefois, ce travail de toute une vie se trouve éparpillé à travers les œuvres et les Cahiers de Valéry. J'ai d'abord fait une recherche sur la création littéraire chez Valéry (Gingras 1972); puis, depuis ce temps, je travaille à mettre au jour les très riches observations et réflexions de Valéry sur la création (Gingras 1971, 1979, 1985, 1986a, 1986b, 1986c, 1987a, 1987b, 1990, 1993). Une vaste étude sur les rapports de Valéry à la création est en cours de rédaction. Ce travail rassemble et systématise la pensée de Valéry sur la création, de manière à la rendre plus accessible et intelligible pour un plus grand nombre de lecteurs. Le manuscrit de premier volume est complété et en train de recevoir sa toilette finale. Les autres sont en préparation.

7. Étant donné que nous sommes des êtres fort complexes et multidimensionnels, toutes les facettes de nous ne nous sont pas également aussi facilement accessibles, il n'est pas rare qu'il y ait de «faux départs». Quelques étudiants, une fois engagés dans la création du récit à partir d'un point de vue qui leur paraissait le plus fécond, se rendent compte qu'ils se sont fourvoyés, les matériaux émergeant dans leur journal de bord cherchant à aller dans une autre direction. Par exemple, un étudiant voulant aborder son récit sous l'angle de l'humour s'est retrouvé tout à coup en contact avec, à l'intérieur de lui, un puits de tristesse. Une autre étudiante s'était mise à travailler autour du sentiment d'isolement ressenti pendant son enfance et encore présent dans sa vie professionnelle actuelle. Toutefois, déterrant des traces de son enfance, elle retrouva, grâce à des photos anciennes, le souvenir de moments de joie vécus avec ses proches. Elle décida, en conséquence, d'élargir son point de vue et de réorienter son récit, dans une troisième version qu'elle sentit le besoin de préparer.

Bibliographie

CRAIG, P. E. (1978). *The Heart of the Teacher: A Heuristic Study of the Inner World of Teaching.*Thèse de Ph.D., Boston University Graduate School of Education.

GINGRAS, J.-M. (1970). *Le «corps de l'esprit» dans l'œuvre de Paul Valéry*. Thèse de Ph.D. Département d'études françaises. Sainte-Foy: Université Laval.

GINGRAS, J.-M. (1971). «Valéry et le jeu». *Critère 3* (janvier): 74-87.

GINGRAS, J.-M. (1979). «Note sur l'art de s'inventer comme professeur». *Prospectives* XV(4): 193-204.

GINGRAS, J.-M. (1985). «Paul Valéry et l'activité créatrice». *In Imaginaire et créativité. Textes et documents*. Actes du congrès (1983) de l'AQPF (Association québécoise des professeurs de français): 139-148.

GINGRAS, J.-M. (1986a). «Regards d'un créateur sur l'éducation: Paul Valéry». *Bulletin des études valéryennes* 41 (mars): 21-36.

GINGRAS, J.-M. (1986b). «Faire inventer est le secret de l'enseignement non bête». *In* R. PROULX et J.-M. GINGRAS (1996). *Création de devis éducatifs.* 3e édition. Saint-Hubert: IRPA: 209-127.

GINGRAS, J.-M. (1986c). «Histoire de vie et expérience de création». Communication à l'ACFAS (Association canadienne-française pour l'avancement des sciences). Inédit: 21 feuillets.

GINGRAS, J.-M. (1987a). «La fonction intégratrice de la création chez le créateur». Ottawa. Communication au Colloque international des sciences humaines. Inédit: 27 feuillets.

GINGRAS, J.-M. (1987b). «Paradoxes de la signification de la création dans la pensée de Paul Valéry». Inédit: 25 feuillets.

GINGRAS, J.-M. (1990). «Éducation et cycle de vie: où en suis-je dans mon cycle de vie». *Actes du VIe colloque (21-22 octobre 1989) du Goéland* (Association des écoles alternatives du Québec organisé en collaboration avec le Département de psychopédagogie et d'andragogie. Faculté des sciences de l'éducation de l'Université de Montréal: «L'Éducation: un partage de nos projets de vie»: 2-6.

GINGRAS, J.-M. (1993). «Valéry et la création: l'impossible défi». *In* S. VILLANI (dir.). *Paul Valéry: Vers anciens et poïétique des Cahiers.* Woodbridge, Ontario: Albion Press: 187-215.

GINGRAS, J.-M. et A. HARAMEIN (éds) (1994). *Recherche, formation et transformation. Repères* 17 (Publication de la Faculté des sciences de l'éducation, Université de Montréal).

MOUSTAKAS, C. (1990). *Heuristic Research. Design, Methodology, and Applications.* Newbury Park, California: Sage.

MOUSTAKAS, C. (1967). *Creativity and Conformity.* New York: D. Van Nostrand.

VALÉRY, P. (1957). *Oeuvres.* Tome I. Paris: Gallimard: «Bibliothèque de la Pléiade».

VALÉRY, P. (1957-1961). *Cahiers.* Édition en fac-similé comptant 29 tomes écrits entre 1894 à 1945. Paris: CNRS.

Récits de vie en groupe, une histoire complexe[1]

JACQUES RHÉAUME
Professeur, Département de communication
Université du Québec à Montréal

Dans ce texte sont présentées quelques réflexions issues d'une expérience de «recherche-implication» autour de récits de vie en groupe. Il s'agit d'un outil de recherche clinique de premier ordre, dans le champ des sciences humaines, pouvant nous aider à développer un savoir de base sur l'articulation du psychique au social, mais aussi, un savoir utile pour les intervenants psychosociaux.

Une première partie rend compte de la démarche qui a conduit à adopter cette méthodologie de recherche-implication, développée à l'origine par Vincent de Gaulejac et quelques chercheurs-praticiens français. Puis, les appuis théoriques les plus importants sont dégagés pour ensuite donner quelques exemples d'analyses concrètes produites dans des groupes de réflexion. La conclusion est articulée autour des forces et des limites d'une telle méthode.

En guise de préambule

L'articulation des rapports entre l'individu et la société, le psychologique et le social représente l'intérêt majeur de mes travaux de recherche et d'intervention. Formé à la psychologie des relations humaines, puis à la sociologie, je suis devenu familier avec l'utilisation du groupe restreint dans la formation d'intervenants sociaux. Par exemple, j'ai animé plusieurs séminaires avec des leaders syndicaux dans le cadre de la formation à la dynamique des groupes restreints. La dimension des histoires de vie, personnelles mais surtout professionnelles, était une des composantes principales de cette formation. J'ai également animé des séminaires de «plan de vie et de carrière» auprès de professeurs de niveau collégial pour qui l'approche de l'histoire de vie est centrale. Ces expériences ont eut lieu de 1975 à 1986. Les diverses techniques d'animation utilisées dans ces expériences constituaient des instruments très efficaces au niveau de l'expression personnelle que chaque personne fait de son récit de vie (ou d'épisodes de vie). Cependant, ces dispositifs de formation étaient beaucoup plus faibles sur le plan de leurs fondements théoriques. En 1990, j'ai eu l'occasion de participer à un séminaire d'implication et de recherche où je retrouvais un cadre de travail fort similaire à celui que j'avais expérimenté, mais où était proposée une approche théorique plus développée et plus rigoureuse et des modalités d'animation nouvelles. Cette approche reposait essentiellement sur l'étude de récits de vie produits en groupe. C'est cette approche que je présente ici.

Roman familial et trajectoires sociales

La méthode de travail des «séminaires d'implication», identifiée par le titre *Roman familial et trajectoire sociale*, a été développée en 1975, en France, par Vincent de Gaulejac, Michel Bonetti et Jean Fraisse (1982). L'influence du psychosociologue Max Pagès[2] a été importante tant au niveau de l'approche théorique que de la méthode d'intervention. C'est Vincent de Gaulejac[3] qui lui donnera sa forme finale et en assumera ensuite les principaux développements.

Il s'agit d'une recherche-implication en groupe restreint mettant en présence un animateur-analyste (le plus souvent accompagné d'un co-animateur ou d'un observateur) et 7 à 12 personnes. Les participants sont des professionnels de l'intervention en travail social (le groupe le plus important jusqu'à maintenant), en psychothérapie, en consultation organisationnelle et en éducation.

Le groupe se réunit pendant trois ou quatre jours intensifs, pour une durée globale d'une trentaine d'heures d'interaction.

Le groupe de base porte sur le thème du Roman familial (histoire familiale récréée ou reconstituée) et trajectoire sociale (histoire de vie et de carrière). Cette appellation fait référence à deux sources théoriques précises. Le «roman familial» réfère à une expression freudienne désignant la construction imaginaire que font beaucoup de personnes à propos de leurs origines familiales (les cas d'enfants adoptés plus particulièrement). La psychanalyse est une référence importante dans cette approche. Par contre, l'expression «trajectoire sociale» est d'inspiration sociologique et utilisée par Daniel Bertaux ou Pierre Bourdieu. Elle réfère au «déplacement» de classes sociales ou de catégories sociales que vont effectuer des personnes tout au long de leur histoire de vie. Ainsi, sociologie et psychanalyse sont tour à tour convoquées dans la compréhension des récits de vie produits par les personnes.

D'autres thématiques plus spécifiques ont été développées sur la même base méthodologique du travail en groupe: sur le rapport à l'argent (*Histoires d'argent*); sur le rapport à la vie affective (*Roman amoureux et trajectoires sociales*); sur le rapport aux idées (*Ce que je crois*); sur le rapport au corps et aux émotions (*Émotions et histoire de vie*) et très récemment, sur l'expérience de la honte (*Face à la honte*).

La façon de travailler n'est pas étrangère à toute une tradition bien connue du Groupe de formation (T-group) tel que développé à l'origine en Amérique du Nord. L'accent est mis par ailleurs sur la visée de recherche et d'analyse, même si le matériau concret sur lequel porte cette analyse est le récit de vie produit par chaque personne participante. Cette «implication» personnelle des participants et cette visée d'analyse ou de «recherche» sont les pôles essentiels de la méthode[4], exprimés par ce terme composé: «recherche-implication». Voici plus concrètement le déroulement type d'un tel séminaire:

a) Dans un premier temps, les participants sont invités à produire des éléments de leur histoire de vie à l'aide de divers supports méthodologiques. Ces supports varient légèrement suivant les thèmes abordés et sont organisés suivant des séquences variables. Voici quels sont les principaux supports utilisés à l'intérieur des séminaires.

Le prénom

Dans ce premier exercice du séminaire de base, le participant est invité à reconstituer l'histoire de son prénom, son origine familiale, sociale, ainsi que les résonances affectives et socioculturelles que ce prénom génère chez lui. Cela ouvre chez plusieurs une quête importante autour de l'identité personnelle, et autour des conditions familiales, sociales, culturelles de la production de cette identité.

Cartes d'identité

Comme elles l'annoncent, ces cartes ont pour objet de se présenter au groupe et donc de se «positionner» individuellement et collectivement à partir de son inscription sociale d'origine et de sa position sociale, culturelle, etc., actuelle, mettant en rapport l'identité héritée et l'identité acquise (de Gaulejac 1987).

Le projet parental

L'animateur propose ici aux participants de représenter par le dessin ce que leurs parents souhaitaient qu'ils deviennent, quel projet d'avenir ils formaient pour eux. La question suggérée est la suivante: «Qu'est-ce que mes parents voulaient que je devienne?» Les dessins sont faits sur de grandes feuilles, à l'aide de crayons de couleur, de pastels, de peinture à doigt ou encore de crayons-feutres.

La généalogie

En cours de séminaire, l'animateur demande aux participants de reconstituer leur généalogie familiale. Pour chacun des personnages de la lignée paternelle et maternelle, on inscrit le prénom, la profession, le lieu géographique, la date de naissance et de décès, les caractéristiques particulières (qualités, fonctions prestigieuses, échecs, maladies).

Autant que faire se peut, chacun représente les trois ou quatre dernières générations de la lignée familiale et parfois davantage dans certains cas; ceci est déjà un indicateur du fonctionnement familial, par la capacité de remonter loin dans l'histoire familiale ou au contraire par la faible quantité de données accessibles à l'individu sur les détails de sa généalogie.

L'analyse des trajectoires de vie

Sous forme de schéma, il s'agit ici de représenter sur une ligne les événements-clefs personnels, interpersonnels, familiaux, socioprofessionnels qui ont eu une influence significative sur l'évolution de la trajectoire individuelle et sur la constitution de l'identité sociale. Les ruptures, les choix, les moments-charnières de l'existence, depuis la naissance, sont ainsi identifiés par le participant. On peut aussi indiquer les événements historiques marquants d'une période donnée.

Le «théâtre-image»

Il s'agit d'une technique d'expression non verbale mise au point par Augusto Boal (1978) et faisant partie de la méthode du «Théâtre de l'Opprimé[5]». C'est un théâtre où l'acteur devient spectateur et le spectateur acteur, prenant en charge l'action dramatique décrivant une forme d'oppression vécue pour la transformer. Dans le cadre des séminaires,

a) il s'agit d'une adaptation de ces techniques et de celles plus connues du psychodrame et du jeu de rôle par lesquelles le sujet met en scène un moment-clé de son histoire familiale;

b) le travail est d'abord individuel et les productions individuelles sont ensuite affichées au mur et présentées au groupe;

c) une analyse du matériau produit est d'abord faite entre l'animateur et l'intéressé, puis avec les autres participants; au fur et à mesure de l'évolution du groupe, des comparaisons entre les diverses productions et analyses sont établies;

d) des moments d'une réflexion plus générale, des retours et des synthèses marquent aussi l'évolution du travail; amorcées par l'animateur, ces réflexions sont complétées par les participants.

Dans le processus du groupe, les récits écrits et verbaux et les périodes de travail individuel et collectif sur les trajectoires singulières alternent avec des «séquences» de réflexion théorique dirigées par les animateurs en fonction des dimensions psychosociales, historiques, idéologiques et culturelles qui émergent au cours des séances de travail. Plusieurs supports d'expression font intervenir d'autres moyens que la parole, soit le dessin, la schématisation, l'image ou le psychodrame. Comme l'écrit de Gaulejac:

> L'expression non verbale facilite l'émergence de l'imaginaire, du non expliqué *a priori*, des contradictions vécues, de l'imprévisible... Elle favorise l'accès à la représentation de situations vécues qui sont réactualisées dans l'ici et maintenant du groupe. (1987: 276)

L'analyse, menée en commun par le sujet impliqué dans la réflexion sur sa propre trajectoire, les animateurs et les autres participants, permet de saisir non seulement l'articulation des dynamiques personnelles, familiales et sociales de l'histoire individuelle (et parfois leur reproduction transgénérationnelle) mais aussi les liens entre les histoires individuelles ainsi étudiées et les trajectoires collectives propres à une cohorte (ou génération) en particulier, à une classe sociale, à une culture ou sous-culture spécifique.

Cadre conceptuel et mode d'intervention

Le dispositif de cette recherche repose sur plusieurs référents théoriques qui guident le travail des intervenants animateurs. Ces éléments théoriques constituent une sorte d'encyclopédie[6] de référence, dans laquelle l'animateur puise librement pour faire l'analyse des histoires de vie (ou matériau connexe). Cette analyse se fait à chaud, sur le mode de l'interprétation, produisant autant d'hypothèses qui sont validées par la personne concernée. La thématique de base est celle de l'articulation du rapport personne-société saisie principalement dans le récit familial développé sur une période d'au moins trois générations.

La psychanalyse et la sociologie sont les domaines théoriques principalement impliqués dans l'analyse. Mais de quelle psychanalyse s'agit-il? Et de quelle sociologie?

La référence à la psychanalyse demeure générale (la formation de la personnalité; les stades de développement; les liens entre les instances de base (Ça, Moi, Surmoi), l'incontournable complexe d'Œdipe; etc., mais une importance particulière est accordée aux questions de la construction identitaire du sujet, du processus d'idéalisation et du développement narcissique.

En sociologie, les références les plus fréquentes ont trait aux thèses de la reproduction culturelle de Bourdieu, à la sociologie de la société de consommation, aux thèses de la société duale, et, plus globalement, à une sociologie de la mobilité sociale. Les travaux de Vincent de Gaulejac constituent à cet effet une référence majeure: *La névrose de classes*, *La lutte des places, Le coût de l'excellence, La gourmandise du tapir*. Le passage d'une société de classes à la société salariale (Robert Castel) et de consommation, les implications de ces changements profonds sur la dynamique de l'individu sont au cœur de ces recherches.

Les références à la psychologie et à la sociologie de la famille, des rapports intergénérationnels, des étapes de vie personnelle et professionnelle sont également très importantes. La question des rapports interculturels, en particulier quand la composition du groupe est multiethnique, est source également de références théoriques multiples.

L'animation et l'analyse

La façon de travailler de l'animateur est particulièrement à souligner. Dans un groupe de recherche-implication, l'interprétation et l'analyse des données produites par les participants occupent une place centrale. D'une part, ces données sont multiformes dans les thèmes abordés: processus de nomination, arbre généalogique, trajectoire de vie et de carrière, mais aussi dans les modes d'expression: dessin, récit narratif, schéma ou graphique (généalogie), expression corporelle (théâtre-image), échanges verbaux, événements de vie du groupe. D'autre part, rappelons-le, le cadre théorique prend l'allure d'une encyclopédie large de référence: notions psychanalytiques, sociologiques et autres. L'interprétation se produit dans l'interaction entre l'animateur et un participant (ou entre les participants) et pourrait être le mieux décrite comme un travail gestaltiste fond-forme. L'analyste suit ce qui émerge comme figure prégnante, les autres composantes demeurant en contexte, comme fond d'où proviennent constamment d'autres éléments-figures dans un va-et-vient incessant.

Par exemple, la présentation par un participant de son arbre généalogique provoque tout à coup, dans le schéma proposé, une vision d'ensemble de déséquilibre entre l'importance relative de la lignée maternelle par rapport à la lignée paternelle. Cela frappe l'animateur et les participants d'abord et devient une première piste de réflexion. Puis, quelqu'un fait un lien avec le «roman familial» de deux autres participants en soulignant les milieux géographiques d'origine. L'on s'engage alors dans ce travail de comparaison. Etc.

Ce genre d'interprétation se rapproche d'une analyse clinique, de la formulation d'hypothèses visant à éclairer telle manifestation singulière. Et ces hypothèses sont soumises à l'évaluation de la personne en cause qui, après discussion et confrontation aux données produites, est celle qui valide ou non ces hypothèses. Ce travail d'inter-interprétation est au cœur du travail de recherche-implication.

Psychosociologie en mouvement

Voici quelques exemples, brièvement rapportés ici, de certaines connaissances produites dans ce genre de séminaire. Nous commençons par des exemples mettant en évidence la composante sociale.

Dynamique du groupe et rapports homme-femme
Un échange autour des liens de dépendance et de contre-dépendance entre l'animateur et le groupe, entre les membres masculins et féminins dans le groupe a entraîné, dans l'un des séminaires, un débat important sur les rapports hommes-femmes, sur l'image de l'homme et de la femme, d'abord dans le groupe, puis dans le contexte québécois plus large. En effet, l'analyse de ce qui se passait dans le groupe venait redoubler celle produite à l'occasion de plusieurs histoires familiales où l'image du père, du «père manquant» en particulier, était mise en évidence. Et ces analyses se sont avérées inséparables du constat de la montée très importante, au Québec plus particulièrement, du mouvement des femmes, depuis les années 70. Cette analyse croisée des histoires de vie personnelles, des histoires de familles, jusqu'aux dynamiques sociétales en passant par les rapports existentiels dans le groupe du séminaire lui-même est typique du genre d'analyse produite dans ces groupes.

Comparaisons de récits de famille et diversités régionales
L'analyse comparée de deux récits généalogiques produits par deux professionnelles de l'intervention (psychothérapeute et travailleuse sociale), où l'accent fut mis sur l'évolution des métiers et statuts sociaux intergénérationnels, a permis de dégager, dans un séminaire, la diversité des profils de mobilité sociale dans deux régions agricoles distinctes, la Beauce et la Haute-Mauricie. Dans un cas, nous avons une situation agricole plus difficile, en Haute-Mauricie, qui favorise une mobilité sociale vers la ville et l'industrie. Dans l'autre, une histoire agricole beaucoup plus favorable, marquée d'une longue tradition de transmission des fermes aux enfants. Ces dynamiques de mobilité sociale régionale sont redoublées par des stratégies parentales très explicites, l'une de conti-

nuité dans le cas de la Beauce, l'autre de rupture dans le cas de la Haute-Mauricie. Notons que les deux participantes étaient issues de familles nombreuses dans les deux cas. Dans un cas, tous les enfants de la famille agricole de Haute-Mauricie vont poursuivre de longues études et devenir professionnels dans l'une ou l'autre profession: aucun ne se retrouve en milieu agricole, aucun non plus dans des métiers techniques. Dans l'autre cas, seule la professionnelle du séminaire a fait des études universitaires, ses frères et sœurs prenant divers métiers reliés plus ou moins à la mobilité sociale associée au monde agricole: l'un reprend la terre familiale, d'autres iront dans l'entretien mécanique, le transport, le travail en usine; d'autres encore vont marier des agriculteurs ou des hommes de métiers. Ces évolutions sont différenciées: dans un cas, une mobilité marquée par un saut brusque de statut social de la terre à la vie professionnelle en une génération; dans l'autre, d'une progression plus continue, sauf dans un cas, auront des impacts fort différents dans la dynamique personnelle des intervenantes, dans la place de leur rapport à la famille, etc. Mais en même temps, et dans un temps très court, nous apprenons ainsi tout un chapitre de la sociologie spécifique de deux régions du Québec.

Arbre généalogique et trajectoire de vie: la «thèse» de la névrose de classes

La notion de névrose de classe, développée par V. de Gaulejac, est à la base des premiers travaux des séminaires sur «le roman familial et trajectoires sociales». Nous avons pu constater très souvent ce genre de dynamique chez une majorité de participants au séminaire. Cette thèse fait état des effets psychologiques importants à la suite d'une accélération des déplacements sociaux soit ascendants (cas le plus fréquent dans notre société), par exemple, d'un milieu ouvrier à un milieu professionnel ou dirigeant, ou descendants, par exemple, de grandes familles qui progressivement vont perdre certains acquis de statut et de patrimoine pour laisser la grande bourgeoisie au milieu des petites professions.

Le terme «névrose» désigne ici, non pas tant un syndrome clinique très spécifique (il n'y pas ici une nouvelle catégorie du DSM IV), mais plutôt une façon de décrire les pressions psychologiques découlant spécifiquement de cette mobilité sociale accélérée, pressions ayant pour effet de renforcer des dynamiques névrotiques ou des stratégies défensives correspondantes.

Il est intéressant de noter, à cet sujet, des effets de convergence quand des personnes, dans leur histoire familiale immédiate, ont rencontré des difficultés intrapsychiques particulières combinées avec des situations de mobilité sociale forte. C'est comme si alors, les effets de désorganisation sont plus puissants, se traduisant souvent par des épisodes de crises personnelles marquées. Par ailleurs, et c'est le cas le plus fréquent, les effets des pressions liées à des trajectoires de mobilité sociale forte, mais sur la base d'une histoire personnelle et familiale moins marquée par des difficultés intrapsychiques, vont se traduire par des stratégies défensives d'adaptation marquées au coin de dynamiques apparentées à des symptômes névrotique: estime de soi plus faible, insécurité personnelle plus forte, volonté d'affirmation plus grande, «ne pas se sentir à sa place», etc.

Il est à noter que les participants à ces séminaires, et cela correspond à un mouvement plus large dans notre société, faisaient partie, en grande majorité, d'une génération qui a connu une mobilité sociale ascendante forte: du milieu paysan ou ouvrier au milieu professionnel. L'âge des participants variait en moyenne de 35 à 45 ans.

Le processus de nomination et la question identitaire

Un des supports méthodologiques fort apprécié des participants est cette brève mise en situation où on demande de raconter l'histoire de son prénom. Cela ouvre chez plusieurs une quête importante sur l'identité personnelle, sur le contexte aussi de production familiale, sociale, culturelle de cette identité. Certaines personnes vont, suite à un séminaire, poursuivre la réflexion et entreprendre même certaines actions pour clarifier les modalités de ce processus de nomination. La réflexion dans le séminaire peut porter aussi sur les choix actuels que font les participantes ou participants dans la nomination de leurs enfants. Encore une fois, un tel thème ouvre l'analyse sur de multiples dimensions, suivant une approche complexe.

Des effets et de quelques limites

La méthode des récits de vie en groupe du type «roman familial et trajectoires sociales» présente plusieurs forces intéressantes.

Elle permet une lecture complexe des rapports personnes-sociétés à travers plusieurs regards théoriques, un contexte interactif en groupe et des modes d'expression variés.

Les effets de ces séminaires sont importants, résultat, pensons-nous, de la dimension d'implication des participants dans la démarche. La recherche se fait dans une réflexion sur sa propre expérience. Elle conduit aussi à plusieurs applications. Des participants ou participantes ont appliqué certains éléments de cette méthode dans leur pratique professionnelle. Certaines personnes ont inclus divers éléments théoriques dans leur enseignement à l'université. D'autres enfin ont amorcé une réflexion plus personnelle sur leur propre cheminement comme personne et professionnel.

Un des aspects prometteurs de cette approche est la perspective comparative que permet maintenant son développement dans plusieurs pays: France, Québec, Suisse, Uruguay, Salvador, Grand-Nord québécois, etc. Par exemple, des thèmes majeurs montrent des différences culturelles profondes dans ces divers contextes culturels. L'héritage et la transmission du patrimoine économique sont beaucoup plus explicites et régulés en Suisse qu'au Québec ou en Amérique Latine, dans des milieux sociaux comparables. Les rapports hommes-femmes sont vécus bien différemment en France et en Suisse qu'au Québec, etc.

Certaines limites sont toutefois à souligner. Le temps des séminaires est très court: intervention sur trois ou quatre jours. Des séminaires successifs ou des rencontres d'approfondissement viennent toutefois atténuer cet aspect ponctuel de la recherche-implication, mais non sans ambiguïtés chez plusieurs participants qui demeurent insatisfaits, souvent, d'un seul séminaire.

Les interprétations développées dans les séminaires sont le plus souvent spontanées. Il est nécessaire de les vérifier ou de les valider plus en profondeur auprès des personnes concernées, voire des discussions additionnelles. Des entrevues de type plus classique de récit de vie apparaissent comme un complément important pour aller plus loin dans la recherche.

Une autre limite de cette méthode découle de sa richesse même. La combinaison recherche et implication, éléments psychologiques et sociologiques, le travail en groupe restreint représentent des défis importants. Quand l'implication personnelle domine l'interaction, on peut craindre les débordements vers des activités de «croissance personnelle» au détriment de la recherche. Quand l'analyse domine, on peut au contraire se penser dans un cours. Le caractère intensif accentue aussi la charge émotionnelle de l'interaction en groupe. Bien tracer les frontières entre la formule de la recherche-implication et la croissance ou la thérapie d'une part, ou bien, entre la recherche-implication et la formation académique d'autre part, demeure difficile et nécessite le plus de précision possible dans ces distinctions. En ce sens, le choix et l'accueil des participants à ces groupes impliquent des acquis minimaux: un choix bien volontaire, une expérience professionnelle suffisante, une bonne connaissance de soi, des habiletés à travailler en groupe, un goût pour l'analyse de ce genre de thématiques psychosociologiques, d'articulation du psychologique au social. Réciproquement, les animateurs-analystes sont amenés à suivre une formation précise, sur une base professionnelle solide, pour animer correctement de tels séminaires.

Il demeure que cette méthode représente une voie intéressante pour développer un type de savoir de visée plus gratuite, fondamentale, sur une compréhension en profondeur du rapport personne-société. Et en même temps, ce savoir complexe apparaît utile pour comprendre la dynamique tout aussi complexe des «clientèles» auprès de qui les professionnels de l'aide interviennent quotidiennement.

Notes

1. Ce texte de conférence a servi de base à un article publié en collaboration avec Claire Chaume et Danielle Poupard (1996).
2. Max Pagès est professeur émérite à l'Université de Paris VII, Censier, en sciences humaines cliniques.
3. Vincent de Gaulejac est sociologue et professeur à l'Université de Paris VII, en sciences sociales et directeur du Laboratoire de recherche en Changement social.
4. Cette méthode est exposée dans divers textes produits par Vincent de Gaulejac, en particulier son livre le plus important sur le sujet: *Névrose de classes* (1987).
5. Théâtre repris au Québec par un groupe de Victoriaville, le Théâtre Parminou.
6. La notion d'encyclopédie référant au savoir accumulé, plus ou moins spécialisé, qui sert de cadre de référence, «d'Interprétant», pour référer ici au concept de Ch.S. Pierce, nécessaire pour produire la signification à donner à une situation.

Bibliographie

AUBERT, N. et de GAULEJAC, V. (1991). *Le Coût de l' excellence*. Paris: Seuil.
BOAL, A. (1980). *Théâtre de l'opprimé*. Paris: Maspero.

BONETTI, M., FRAISSE, J. et V. de GAULEJAC (1982). «Que faire des histoires de famille? Ou Roman familial et trajectoire sociale». Numéro spécial de la revue *Le Groupe familial* 96 (juillet-août).

BRON, A. et V. de GAULEJAC (1995). *La gourmandise du tapir. Utopie, management et informatique*. Paris: Hommes et perspectives/Desclée de Brouwer.

BOURDIEU, P. (1979). *La Distinction: critique sociale du jugement*. Paris: Minuit.

BOURDIEU, P. et al. (1968). *Le Métier de sociologue*. Paris: Mouton-Bordas.

CASTEL, R. (1995). *Les métamorphoses de la question sociale: une chronique du salariat*. Paris: Fayard.

CHAUME, C., POUPARD, D. et J. RHÉAUME (1996). «Récits de vie en groupe». *Intervention* 102(mars): 83-91.

ENRIQUEZ, E., HOULE, G., RHÉAUME, J. et R. SÉVIGNY (1993). *L'analyse clinique dans les sciences humaines*. Montréal: Saint-Martin.

de GAULEJAC, V. (1987). *La Névrose de classe*. Paris: Hommes et Groupes.

de GAULEJAC, V. et I. TABOADA LEONETTI (1994). *La Lutte des places*. Paris: EPI.

LEGRAND, M. (1993). *L'approche biographique. Théorie, clinique*. Paris: Hommes et perspectives/EPI-Desclée de Brouwer.

PEIRCE, C. S. (1931-1935). *Collected Papers*. I-VI. C. HARTSCHORNE et P. WEISS (éds). Cambridge (MA): Harvard University Press.

Les histoires de vie: les symboles, les mots

JEAN-LOUIS LEVESQUE
Directeur, Programmes de formation continue des aînés
Université de Sherbrooke

La première journée de la rencontre du *Réseau québécois pour la pratique des histoires de vie* était coiffée du thème «Le récit de vie dans mon histoire de vie». Après l'exercice des indispensables fonctions d'accueil et de disposition de l'assemblée à l'ensemble des trois journées, une activité portant le même titre que l'ensemble de la journée est lancée. La proposition d'activité comporte quatre volets: a) une invitation à projeter sur papier, de façon individuelle, la place de l'histoire de vie dans sa vie personnelle; b) la mise à plat sur papier d'un dessin et de trois mots pour évoquer cette place; c) une période d'échange en petits groupes sur les cheminements individuels évoqués par les dessins et les mots; d) finalement, un forum de l'ensemble des participants sur l'ensemble de la production et de l'activité. Il sera ici fait rapport du résultat de la démarche, principalement en ce qui a trait aux symboles utilisés dans la projection sur papier et aux trois principaux mots utilisés.

Expression picturale

L'assemblée s'est prêtée de bonne grâce à une activité qui bouleversait un peu les façons de faire habituelles et attendues au début d'un colloque. Aucune expression de résistance n'a été entendue. On aurait pu s'attendre à certaines résistances compte tenu du fait que la proposition de travail faisait appel à des habiletés souvent non valorisées, comme le dessin et la couleur, plutôt qu'à l'expression verbale ou écrite, et que cette dernière, si prisée en milieu éducatif, était comprimée et que, plus encore, le résultat de la projection symbolique allait être exposé, examiné et commenté à la vue de l'assemblée. C'est en passant devant un mur haut en couleurs et aux symboles variés que les participants sont allés casser la croûte en fin d'avant-midi. Voici quelques observations sur les symboles projetés: lesquels et en quelle proportion, quelques caractéristiques de ces symboles et quelques traits dominants des échanges qui en ont accompagné le dévoilement.

Quels symboles et en quelle proportion?

Trente-deux «tableaux» ont été exposés. L'eau est le symbole dominant et il se retrouve sur huit d'entre eux, soit le quart de l'ensemble. C'est l'eau comme mer, fleuve, source, écoulement. Ensuite vient le symbole de l'arbre: arbre enraciné, en croissance, en enfantement, en émergence de la terre. On retrouve le symbole de l'arbre sept fois. Puis vient une représentation plus abstraite utilisée quand même cinq fois: des schémas d'un système énergétique. Trois tableaux médiatisent leur message par le recours aux planètes. Enfin, on retrouve neuf singletons, soit: le palimpseste, la main, le village, la fleur, le livre, la personne humaine, la porte et le nid de cigogne.

Quelques caractéristiques de ces symboles

Point n'est besoin de verser dans la psychanalyse pour apprécier le fait que les trente-deux symboles utilisés sont tous fondamentaux. Tous évoquent ou réfèrent à un élément décisif de la vie humaine plutôt qu'à l'un ou l'autre détail significatif ou pittoresque. Autre caractéristique évidente: l'expression du dynamisme et de la fluidité par opposition au statisme et à la fixité. Il faut aussi noter l'ouverture sur l'indéfini. Si le dynamisme et la fluidité sont constamment présents, la direction et le point d'arrivée, s'il doit y en avoir un, sont à peine perceptibles. Il est un élément intéressant aussi à constater: le prix ou la qualité qu'apportent les singletons (ou symboles qui n'ont été utilisés qu'une fois) par rapport à ceux qui ont servi de référence plusieurs fois. Le palimpseste dit à sa façon, avec des nuances ce que la source dit... mais on ne peut nier l'enrichissement. Il en est de même de la main qui prend... qui donne... La porte, fermée ou ouverte n'appauvrit pas le symbole du chemin et des carrefours. On pourrait faire une lecture de ces tableaux et des symboles qui y sont projetés à l'aide de la théorie des attracteurs, à savoir quels symboles agissent comme centre d'organisation de plusieurs autres. Les symboles utilisés sont allés droit à la vie et à l'écoulement de cette vie plutôt qu'à la théorie du récit de vie. Beaucoup des symboles appartient à l'univers de la représentation biologique.

Des absences

L'éventail des symboles utilisés se réfère carrément à la vie, à son déploiement, à sa complexité, à sa richesse et à sa profondeur. Cette sélection peut-elle être mise en rapport avec le médium utilisé, à savoir le dessin et la couleur? Y a-t-il un lien naturel entre le médium choisi et les symboles sélectionnés? La sélection des thèmes doit-elle être mise en lien avec le thème: le récit de *vie* et l'histoire de *vie*? Il est cependant des éléments et des événements indissociables de la vie qui ont peu de reflets dans les symboles représentés. La mort, la souffrance, la sexualité sont totalement absents. La difficulté de la relation interpersonnelle est également absente. Ces absences ont-elles été récupérées lors de la phase plus verbale de l'activité? On le verra plus loin.

Une certaine longueur d'onde du langage

Les échanges qui ont suivi la manifestation des tableaux se sont faits sur une longueur d'onde très particulière. Il faut encore une fois se demander s'il y a un lien entre le médium utilisé et l'effet produit. Les échanges ont été très respectueux sans être froids, curieux sans être indiscrets, chaleureux sans être intimistes, profonds sans être frigorifiants. La conversation se tenait à une certaine distance de deux extrêmes: la répétition des connaissances scientifiques relatives aux réalités évoquées et la conversation facile et mondaine qui achoppe dès qu'il est question de vie et d'évolution personnelle. Cette longueur d'onde a-t-elle été induite par le mode d'expression favorisé? Deux notes de l'échange en plénière peuvent être rappelées: la vivacité des échanges et, corrélativement, le respect de l'altérité. Chacun et chacune avaient pris le temps de «nommer» sa vie. Comment bousculer cette expression et la remplacer par la sienne ou par une autre dite scientifique? C'est peut-être cette perception qui explique que les échanges étaient à la fois vifs et inquiets, cherchant à surmonter la singularité pour s'approcher de l'universel. On a pu observer aussi un autre trait des échanges, très marquant celui-là: le recours à la poésie. C'est comme si, devant la projection de la vie dans ce qu'elle a de plus personnel et de plus sanguin, le langage poétique avait offert une alternative au langage disciplinaire ou scientifique. Devant une telle décharge de flux de vie humaine personnelle, les échanges, qu'ils fussent de l'ordre de la réflexion ou du témoignage, traduisaient une bonne part d'inquiétude à l'égard de l'éloignement du langage du paradigme scientifique dominant. Comment dire scientifiquement la vie? Comment être sérieux à partir de la vie et la dire dans un langage scientifique mais ressenti comme inadéquat?

L'invitation à projeter en un dessin ce qu'a été ou était le récit de vie dans sa vie comportait aussi l'invitation à accompagner le tableau de trois mots. Quels furent ces mots et quel en est le rapport aux symboles projetés?

Expression verbale

La consigne était d'accompagner son dessin de trois mots. Certains petits malins, peut-être petites malignes, ont trouvé le tour de réunir les trois mots en une phrase. Les phrases seront d'abord reproduites et ensuite les mots, par ordre alphabétique et avec la mention de leur fréquence. Quelques observations sur le choix de ces mots seront présentées puis quelques observations sur ce qu'apportent les mots aux dessins et tableaux.

Les phrases

Avant de les rappeler, il faut attirer l'attention sur le fait que certaines sont de toute évidence des citations.

Se revoir autrement;
Projet d'avenir à son devenir;
Palimpseste de l'ex-elle;
Un voyage sur la mer du sens;

Construire le chemin en marchant;
Le tendre pouvoir d'être ensemble;
Coarborescence étrange;
Découverte du néant;
La seule éternité de la neige c'est son torrent;
Connexion fraîcheur, vie, science;
Passé, présent, avenir;
Prendre la main, donner la main, ouvrir la main;
Homme je suis.

Les mots
Les voici par ordre alphabétique:

Amour; chaos; confluents; construction; création de soi; découverte; dépassement; écoute-ouverture; émergence; enracinement; être; fécondité; grandir; histoire de vie; imprévus; inachevé; libération; lien; m'autoriser; me construire; me reconnaître; médiation; miroir; mouvement; organisation; origine; ouverture; parole; planète; processus; projet de vie; puits de lumière; quête de sens; réalité-rêve; regard; relation d'aide; retrouvailles; signature; source; sourcier; survie; unité (2); voyage (2); travail; vibration.

Voici les mêmes mots présentés selon les constellations choisies par leurs auteurs:

Me reconnaître, me construire, projet de vie;
Relation d'aide, amour, histoire de vie;
Origine, processus, création de soi;
Regard, signature, émergence;
Sourcier;
Confluents, imprévus, inachevé;
M'autoriser;
Retrouvailles, voyage, découverte;
Un miroir;
Enracinement, parole, travail;
Libération, voyage, réalité-rêve;
Vibration, chaos, organisation;
Construction, lien, unité;
Planète, être, grandir;

Médiation, écoute-ouverture, cheminer;
La survie, quête du sens;
Source, fécondité, mouvement;
Unité, ouverture, dépassement.

Quel lecteur ne sortirait tout vibrant de la lecture de ces phrases et de ces mots? Décidément, le récit de vie dans son histoire de vie doit être une aventure bien extraordinaire. Notons d'abord que les mots peuvent se regrouper en quelques grandes catégories: les mots de transformation ou de croissance, comportant les mots de situation de départ comme chaos ou source; les mots d'accomplissement comme dépassement, fécondité; les mots de connaissance de soi comme miroir, me reconnaître. Il importe de noter que le lexique choisi s'accorde aux symboles choisis. Il y a cohérence entre les deux formes d'expression. C'est ce qui explique peut-être que le langage symbolique a eu des difficultés à rejoindre l'autre type de langage si valorisé des éducateurs et universitaires qu'est le langage scientifique. S'il fallait faire un commentaire supplémentaire, il faudrait observer que les mots ont fait davantage de place aux dimensions occultées dans les symboles: la maladie, la misère, la sexualité, le pouvoir, la mort. Les histoires de vie sont vues par leur produit le plus spectaculaire: la prise de pouvoir sur son devenir et la relecture d'un passé dans la perspective de cette prise de pouvoir. Et ce n'est pas rien! La suite du colloque allait s'ouvrir à des perspectives plus difficiles et en particulier à celle qui fut exprimée à l'aide d'une expression interne à la culture spécifique du groupe: le genou qu'il faut lire *je-nous*, c'est-à-dire la part des autres dans la construction sans fin du soi.

L'appel à la créativité lancé et suivi en début de rencontre a sans doute contribué à engendrer le sentiment de découverte et de création vécu ostensiblement par un grand nombre de participants et participantes. L'enthousiasme régnant peut sans exagération être lié au sentiment de participer à l'élaboration d'un courant de pensée et de réflexion peu présent encore dans la culture ou dans la pratique éducative formelle. Une histoire de vie culturelle assez étendue permettrait de retrouver des racines dans la tradition culturelle. Qu'a fait Augustin d'Hippone (s. Augustin) en écrivant ce qui allait devenir le prototype d'un genre littéraire aujourd'hui appelé «histoire de vie»? Il est le premier à avoir proposé l'histoire d'une destinée comme objet d'attention et de recherche.

Il a intitulé son récit rédigé au Ve siècle *Mes confessions*. Il est aussi difficile de ne pas se mettre à l'ombre du grand Montaigne qui fit de sa propre vie l'objet d'une observation et d'une mise par écrit persistante et minutieuse: «C'est ici un livre de bonne foy, lecteur [...] Je veus qu'on m'y voie en ma façon simple, naturelle et ordinaire, sans contantion et artifice: car c'est moi que je peins [...] Ainsi, lecteur, je suis moy-mesme la matière de mon livre» (1969: 35). Il ajoute, au Livre III: «Je ne peins pas l'homme, je peins le passage» (1969: Ch.29). C'est aussi ce que les symboles et les mots utilisés par les participants et participantes pour projeter leur représentation de l'histoire de vie ont fait. Quelle soit individuelle, collective ou transgénérationnelle, l'histoire de vie est une histoire de passages. Les symboles et les mots appelés pour projeter sa perception de l'histoire de vie personnelle s'appliqueraient selon toute vraisemblance à l'histoire de vie collective des histoires de vie dans notre culture. Ce serait un vaste chantier à explorer.

C'est dans l'enthousiasme éveillé par cette première opération que la réflexion s'est poursuivie en s'ouvrant sur d'autres perspectives et d'autres types et niveaux de langage dont les articles qui constituent ces Actes sont le témoignage.

Bibliographie

MONTAIGNE, M. de (1969). *Essais*. Livres I et III. Paris: Garnier-Flammarion.

Troisième partie

Approches théoriques

Questions d'un néophyte autour du rapport auteur-acteur-lecteur

PAUL-ANDRÉ GIGUÈRE
Professeur
Institut de Pastorale, Montréal

Des quatre membres de notre comité, je suis le néophyte par rapport à la pratique des histoires de vie, y étant venu presque par accident il y a deux ans seulement. C'est dire que les questions que je me pose ont sûrement trouvé réponse chez les plus expérimentés. Est-il inutile pour autant de les énoncer, ne serait-ce que pour permettre à d'autres néophytes de formuler leurs propres questions?

Formuler des questions, c'est ma façon de faire le point après avoir été plongé dans l'univers fascinant de la pratique des histoires de vie. J'y avance prudemment, comme on s'aventure pour la première fois dans une ville inconnue. J'y avance aussi avec une sorte de soupçon. D'abord parce que je suis méfiant quand je flaire une mode; or sans n'être que cela, la pratique des histoires de vie est à la mode[1]. Mais surtout, j'appréhende quelque chose de dérangeant, de subversif peut-être, et que je serai probablement remis en question, possiblement même transformé. Je suis donc davantage un néophyte critique qu'un converti enthousiaste ou inconditionnel. Mais je suis néophyte tout de même, au sens étymologique: une nouvelle pousse dans ce champ de pratique sociale.

Quelles sont donc ces questions qui se posent en moi plus que je ne me les pose?

Le lecteur sélectif

Ma première observation a trait au contenu du récit de vie. J'aime distinguer le contenu disponible et le contenu apparent, qui est lu ou entendu. Quand je relis ma vie, ou ma pratique, je ne vois pas tout. Des zones entières de mon expérience vécue sont enfouies dans l'oubli ou dans l'inconscient. Je vois ce que je puis voir. C'est ce que j'appelle le contenu disponible. Des mobiles, des forces ou des refus absolument déterminants m'échappent. Le récit que je fais de ma vie, ou de ma pratique, même le plus honnête, prétend dire ma réalité mais n'en reflète que les pans visibles qui, sans être faux ou faussés, ne sont ni les plus exacts, ni les plus complets.

Par exemple, l'expérience de la supervision de stagiaires démontre de façon éloquente les limites du récit de pratique: le superviseur expérimenté voit toujours — et fait voir — des aspects souvent déterminants de l'intervention, qui ont tout à fait échappé à l'attention de l'intervenant.

Ainsi donc, le récit que je fais est celui que je peux faire. C'est un récit toujours à refaire. Toujours à se faire. Les différentes «versions» d'un récit de vie ou d'un récit de pratique témoignent de prises de conscience progressives, d'articulations nouvelles, parfois d'une complexification et parfois d'une simplification de l'interprétation. Et refaire une histoire de vie après, par exemple, une démarche thérapeutique qui a mis en lumière des *patterns* et des conditionnements, c'est produire une tout autre histoire et mettre en scène un tout autre personnage? Mon récit d'aujourd'hui n'est plus tout à fait celui de l'hiver dernier. Si je comprends bien, c'est ce à quoi réfère Paul Ricœur quand il écrit:

> l'identité narrative n'est pas une identité stable et sans faille [...Elle] ne cesse de se faire et de se défaire, et la question de confiance que Jésus posait à ses disciples — qui dites-vous que je suis? — chacun peut se la poser au sujet de lui-même, avec la même perplexité que les disciples interrogés par Jésus. (1985: 358)

L'auteur prudent

Je sais qu'ailleurs on parlera de l'auteur comme du sujet de la vie ou de la pratique qui fait l'objet du récit (*suis-je vraiment l'auteur de ma vie?*). Pour l'instant, je parle d'auteur au sens de producteur du texte du récit de vie ou du récit de pratique (*qui est l'auteur de mon autobiographie?*[2]). Et j'observe combien il est parfois difficile de trouver «les mots pour le dire», mais surtout combien il peut être difficile de risquer de dire tout court.

Comme à la première page de la *Bible*, c'est par la parole que les choses existent. Voilà bien pourquoi il y a des choses que nous nous retenons de dire. Une fois exprimées, nous ne pourrons plus les retirer et quelque chose sera modifié de façon déterminante du fait qu'elles aient été dites. Je pense à l'importance que Freud nous a permis d'accorder aux lapsus. Je pense encore au travail si original de J. L. Austin (1970) sur ce qu'il appelle le «langage performatif». À côté de ces formules qui, sous certaines conditions, ont la vertu de faire quelque chose et de marquer l'existence d'un avant et d'un après, comme «je vous déclare mari et femme», «je promets», «je parie» ou «je vous pardonne», il me semble que toute parole dans laquelle le sujet s'engage est performative, comme Austin finit par le reconnaître lui-même[3]. Elle modifie mon rapport à la réalité que je nomme et instaure quelque chose de nouveau dans mon rapport aux personnes avec qui je communique.

Je ne puis rédiger mon récit de vie sans avoir en tête la ou les personnes qui en prendront connaissance, qui «naîtront avec moi» à la réalité que je leur partage. Un auteur n'est rien sans un lecteur qui le reprend et le comprend. En confiant mon texte à la bienveillance des lecteurs ou des auditeurs, comme l'inscrivait en sous-titre de son récit un membre de notre petit groupe, je me confie moi-même. Je me livre. Cette perspective d'être lu ou entendu, peut-être même jugé et évalué, conditionne mon récit. Délibéré ou non, ce calcul de l'auteur du récit repose sur la conviction, connue de façon explicite ou ressentie de façon grossière, que les choses ne sont plus pareilles une fois qu'elles sont formulées, c'est-à-dire mises en forme et exprimées, c'est-à-dire livrées à des destinataires dont le plus étonné est souvent soi-même.

Toute personne qui rédige son récit de vie mesure nécessairement les enjeux et les risques de sa divulgation. Selon la nature de la matière explorée et selon la qualité du rapport que j'ai aux destinataires de mon récit, je n'écris ou ne dis pas tout ce que je sais, ou je parle ouvertement ou à mots couverts. Suivant le contenu et suivant l'auditoire[4], je produirai des récits différents.

Consciemment ou non, l'auteur-narrateur structure son récit, dans son fond, dans sa forme ou les deux, de façon programmatique. Il peut chercher à se faire valoir, ou à se faire admettre dans le club ou le clan. Il peut vouloir se faire apprécier du groupe ou d'une personne en particulier dans le groupe. Il peut viser à s'attirer de la pitié, ou à provoquer. Derrière la propension de certains à se dire et leur réponse avide à la proposition qui leur est faite de partager leur récit de vie, il m'arrive de soupçonner un vide intérieur, un déficit d'existence devant lequel le récit est projeté à la façon d'un bouclier.

Finalement, tout récit n'est-il pas traversé par une illusion référentielle (l'expression est de Roland Barthes), à savoir que derrière ce qui est raconté se cache celui qui raconte et que le lecteur (ou l'auditeur) vit dans une certaine illusion en croyant se référer à des personnages et à des événements sans se rendre compte qu'à travers eux il se réfère à un auteur qui a des intentions et un projet.

L'acteur illusoire

Ce troisième point advient comme une conséquence des deux premiers. Le récit de vie ou le récit de pratique me met en scène. J'en suis le personnage principal. Il subsiste pourtant une distance considérable entre la personne que je suis et le personnage de mon récit. Comme au théâtre, il s'agit du personnage principal de cette pièce qu'est ma vie ou ma pratique. En un sens, ce personnage n'est pas moi parce qu'il est moins que moi: il n'est qu'une partie de moi. Il est construit à partir de ce que j'ai pu retrouver de moi mais il lui manque tout ce que je n'ai pas mis parce que je ne le vois même pas. Les gestes, les pensées, les émotions qui lui sont attribués sont faits de ce que j'ai décidé d'inclure et des liens que j'ai voulu établir entre les parties du scénario, mais il lui manque ce que j'ai délibérément omis de par l'influence programmatique, plus ou moins avouée ou reconnue, des destinataires.

Mais dans un autre sens cependant, ce personnage n'est pas moi parce qu'il est plus que moi. Par le travail d'auteur, une personne acquiert une stature plus grande dans l'écriture que celle qu'elle revêt dans la réalité. Il y a là plus de densité et d'intensité que dans la vraie vie.

Quand j'isole, dans mon récit, certaines rencontres, certaines lectures, certaines découvertes, certaines émotions, quand je les arrache au niveau anecdotique pour les insérer dans un enchaînement littéraire, je leur confère un statut supérieur à celui qui leur appartenait au moment où je les ai vécus, alors que, probablement, j'étais loin de mesurer toute l'importance que je leur accorderais par la suite.

Dans un remarquable essai intitulé «Le roman, ou l'ambition d'être» Pierre Vadeboncœur (1978: 58-81) a montré ces choses de façon particulièrement pénétrante. Le récit de vie ou le récit de pratique cherche à retracer et à fixer le cours fugitif d'une existence ou d'une intervention et on peut dire à son propos ce que Vadeboncœur écrit du roman:

> [Il] retient l'être un peu plus longtemps, comme une eau que le creux de la main garde; et ce retard dans la chute par ailleurs universelle du temps fait un écart suffisant pour nous permettre d'éprouver le sol des choses, ou pour nous donner l'impression de l'éprouver. [...]
>
> L'écrit a ramassé la vie éparse, et l'auteur, comme s'il avait conspiré, a amené ce butin vers une destination, vers un destin d'un autre ordre, qu'il s'est comme gardé de révéler jamais, jusqu'à ce que l'œuvre, une fois terminée, trahît enfin la ruse inconsciente avec laquelle une tranche du réel avait été par lui soustraite à l'absurde décomposition des choses de la vie pour être portée hypocritement dans un univers singulièrement autre et enfermée là comme dans une châsse, d'où elle rayonnerait d'un pouvoir enfin acquis et permanent comme une relique. (1978: 67, 71)

Une question

Toutes ces constatations convergent donc vers une unique question, qui a d'abord effrayé le néophyte que je suis quand elle m'est apparue dans toute sa clarté. Puisqu'un écart indéniable me sépare du personnage du récit, puisque la personne que je vois dans le miroir n'est pas moi, mais ce que je vois de moi-même et ce que j'accepte (ou souhaite) que les autres voient, et puisqu'elle n'est pas moi tel que j'ai été mais moi tel que je me vois (je veux bien me voir) maintenant, alors, dans un cadre de recherche et-ou de formation, quel rapport entretenir avec les récits qui sont produits, et *a fortiori* avec le mien?

À bien y penser, je soupçonne que la réponse pourrait se trouver dans la direction du processus plutôt que du côté du produit. Est-ce que le fait de produire un récit de vie ou un récit de pratique ne serait pas plus important — plus performant — que le récit lui-même? Le geste d'anamnèse, l'acte interprétatif, la démarche structurante, l'activité expressive: n'est-ce pas là que réside le pouvoir transformateur du récit de vie, plutôt que dans le(s) récit(s) lui(eux)-même(s)?

Cette hypothèse de la priorité du processus sur le produit soulève elle-même d'autres questions. Si l'important, c'est l'acte anamnétique et l'acte expressif, cela entraîne-t-il que ce qui est dit est plus ou moins important? Peut-on dire n'importe quoi? Omettre, ou choisir, ou oublier, sans que cela n'ait de conséquence? Et si au contraire ce qui est dit a de l'importance, c'est en fonction de quoi? Qu'est-ce qui est important et qu'est-ce qui ne l'est pas? Qui en juge? Le formateur ou la personne qui se forme? Le stagiaire ou le superviseur?

On peut, certes, et on le fait souvent, reprendre le récit deux, trois, quatre fois, vingt fois sur le métier remettre son ouvrage, le polissant sans cesse et le repolissant: mais alors, quel est le but? On veut retrouver quoi? Reconstituer quoi? Une identité mythique à l'état pur, dépouillée des multiples influences qui ont fait pression sur ma vie? Il arrive habituellement que le récit de vie fasse apparaître l'influence plus ou moins aliénante du milieu familial, ou social, ou de travail, ou de telle personne et que je découvre avoir été sous certains rapports agi plus qu'acteur, manipulé plutôt que proactif. Mais ai-je une autre identité que celle qui s'est ainsi façonnée? Le travail sur son histoire de vie ne ressemble-t-il pas au dilemme de la Chapelle Sixtine? Fallait-il effacer quatre siècles de vie, de vénération, de prière, d'histoire, quatre siècles d'habitation de ces lieux, pour retrouver une certaine «vérité» originelle? Mais une chapelle est-elle encore une chapelle quand elle devient un musée? Qu'est-ce que je gagne, et qu'est-ce que je perds, quand, par couches successives, mon récit de vie décape ma vie?

Ces observations – et ces inquiétudes – de néophyte ne suggèrent-elles pas la nécessité absolue de la confrontation avec le tiers extérieur, qui prend place entre moi, lecteur-auteur, et moi, acteur-personnage, dans ce que Gaston Pineau et Jean-Louis Legrand (1993: 102) appellent le modèle dialogique ou de coinvestissement? La présence du tiers combat l'enfermement potentiellement complaisant du récit et du récitant sur lui-même et maintient ouvert le processus par lequel nous cherchons à faire du sens.

Mes questions de néophyte s'enracinent dans mon histoire de vie. Ce sont les miennes. Elles s'imposent à moi, par exemple, du fait que pendant les vingt premières années de ma vie professionnelle, j'ai travaillé de façon critique les quatre récits évangéliques[5] et les rapports complexes qui existent entre leurs auteurs, leurs destinataires, la figure passée de Jésus de Nazareth qu'ils représentent et les lecteurs modernes que nous sommes. J'y ai appris entre autres l'illusion de pouvoir mettre la main sur cette figure une fois que j'aurais enlevé des textes les traces du regard admiratif et interprétatif des disciples qui les ont rédigés. J'arrive donc à la pratique de l'histoire de vie avec le même soupçon.

Sans doute ces questions de néophyte ne sont-elles plus des questions pour ceux qui ont une plus longue expérience des récits de vie ou des récits de pratique, soit qu'ils aient estimé que ce n'était pas de vraies questions, soit qu'ils les aient formulées autrement, soit qu'ils aient trouvé des réponses. Mais il m'arrive de craindre que le savoir institué en vienne à perdre le fil des questions instituantes d'où il est né et se constitue en un tout ordonné, achevé et systématisé pouvant si facilement se transformer en orthodoxie et en orthopraxie. Cette crainte s'enracine elle aussi dans mon histoire de vie. Je demeure en lien avec une Église qui pendant trop longtemps n'avait que des réponses à des questions que les gens ne se posaient plus et qui, pour ne plus savoir les entendre, n'avait rien à dire au sujet des questions que les gens se posaient vraiment. Poser mes questions, c'est souhaiter contribuer à un dialogue fécond et stimulant entre néophytes et vieux routiers. Car si nous attendons de ces derniers des réponses, ceux-ci, en accueillant à nouveau nos questions, pourraient entendre la promesse contenue dans la pub des *Corn Flakes de Kellogg's*: «Goûtez-y encore pour la première fois».

Notes

1. Cela était déjà reconnu en 1984 par Werner Fuchs à la fin de son introduction à Biographische Forschung. Eine Einführung in Praxis und Methoden (1984: 13-14).
2. Je m'inspire du titre d'un texte manuscrit de Karl Ernst Nipkow: «Who is the Author of My Biography?» (1986).
3. Huitième et neuvième conférences à propos des actes qu'Austin appelle «perlocutoires» (1970).
4. En écho et comme en dialogue avec cette réflexion, on réentendra la chanson de Yves Duteil, «Ça n'est pas ce qu'on fait qui compte».
5. «Les textes fondateurs des grandes religions historiques — Judaïsme, Christianisme, Islam, Bouddhisme — ne se présentent-ils pas comme des récits de vie individuelle et groupale?» (Pineau 1994: 149)

Bibliographie

AUSTIN, J.-L. (1970). *Quand dire, c'est faire*. Paris: Seuil: «L'ordre philosophique». Réédition en livre de poche (1991) Seuil: «Points-Essais».

FUCHS, W. (1984). «Introduction». *In Bibliograpische Forschung. Eine Einführung in Praxis und Methoden*. Opladen: Westdeutscher Verlags: 13-14.

NIPKOW, K. E. (1986). «Who is the Author of My Biography?» *In Historical and Systematical Remarks to a Theology of Individual Faith History*. Texte manuscrit.

PINEAU, G. (1994). «Vie et histoire de vie. Postface» *In* G. ADLER (dir.) *Récits de vie et pédagogie de groupe en formation pastorale*. Paris: L'Harmattan: «Défi-formation»: 145-154.

RICŒUR, P. (1985). *Temps et récit*. Tome III. Paris: Seuil.

VADEBONCŒUR, P. (1978). «Le roman ou l'ambition d'être». *In Les Deux Royaumes*. Montréal: L'Hexagone: 59-81.

Le pouvoir transformateur de récits de vie centrés sur la formation à la lumière des différents rôles tenus dans la construction et l'interprétation de récits

CHRISTINE JOSSO
Professeure, Faculté de psychologie et des sciences de l'éducation
Université de Genève

Cette rencontre québécoise sur les histoires de vie, le deuxième symposium du genre lié au réseau qui se réunit dans l'Association Internationale des Histoires de Vie en Formation (ASIHVIF), a été conçue pour mener une réflexion sur les positions respectivement occupées d'auteur, d'acteur et de lecteur dans la pratique de construction et de compréhension d'histoires de vie et, par le biais de cette réflexion sur ces trois rôles, pour nous interroger sur le pouvoir transformateur des histoires de vie.

Une fois de plus, la préoccupation sous-jacente réside dans la question non seulement du sens du travail biographique à l'œuvre dans nos méthodologies respectives, mais encore des effets projetés et observés par les initiateurs de cette pratique herméneutique. Étant entendu que toute pratique laisse des traces, que toute prise de conscience crée de nouvelles potentialités, et que la transformation est un processus long qui se déploie à travers un cheminement intérieur plus ou moins conscient avant de devenir visible pour autrui.

Cette réflexion me paraît être indissociable de la méthodologie mise en œuvre, autrement dit du dispositif choisi pour effectuer cette construction et cette compréhension. Insister sur ce point, c'est dire toute l'importance accordée à la recherche d'une adéquation entre le fond et la forme, c'est énoncer la conviction que les moyens et les fins sont indissociables, c'est finalement affirmer qu'il ne saurait y avoir d'impact d'une situation quelconque en général et éducative en particulier qui ne se constitue en expérience significative à travers une pratique réfléchie et réfléchissant dans des actes une intention.

Les éléments de réflexion apportés dans cette contribution font référence aux pratiques genevoises (voir annexe) telles qu'elles se sont développées depuis plus d'une dizaine d'années maintenant au sein de l'Université, à la Faculté de Psychologie et des Sciences de l'Éducation, ainsi que dans des sessions hors son enceinte selon les mêmes principes.

Le séminaire de deuxième cycle de la Licence en Sciences de l'Éducation ou les sessions «Histoire de vie et formation» s'ouvrent sur une introduction théorique qui situe l'émergence de cette réflexion et de cette pratique dans le champ de l'éducation des adultes à partir de la littérature existante, de la contribution des animateurs dans ce processus d'émergence ainsi que de l'itinéraire intellectuel qui caractérise le passage d'une posture en extériorité à celle d'une implication réfléchie et critique dans la construction d'une connaissance fondée sur l'intersubjectivité raisonnée.

Cette introduction permet de mettre en évidence un certain nombre d'enjeux épistémologiques, méthodologiques et théoriques qui caractérisent cette approche de la formation par le biais de l'histoire de vie et la démarche dans ses différentes étapes. La publication prochaine à L'Harmattan d'un texte sur l'accompagnement que j'ai intitulé *Cheminer avec: interrogations et défis posés par la recherche d'un art de la convivance en Histoire de vie* permettra au lecteur d'entrer en détail dans les enjeux que je ne fais ici qu'évoquer. De la même manière, un certain nombre d'articles ou mon livre, *Cheminer vers soi*, signalés dans la bibliographie, donneront accès à d'autres informations sur les thèmes abordés dans ce moment introductif.

Jusqu'à ce moment, les participants au séminaire universitaire ou aux sessions sont dans la position traditionnelle de l'apprenant en situation de transmission de connaissances, malgré le fait que le discours mette en scène une posture de chercheur et de formateur différente des représentations qu'ils s'en font à travers le côtoiement d'autres collègues ayant déjà suivi notre démarche ou des lectures relatives à la recherche qu'ils ont effectuées à ce moment de leur parcours de vie et de formation à l'Université.

En effet, nous disons que nous sommes différents et que nous les sollicitons différemment dans la démarche que nous amorçons. Ce que les participants ne savent pas encore à cette étape ce sont les résistances et/ou les inquiétudes qu'ils exprimeront à notre invitation à se situer eux-mêmes comme chercheurs-formateurs tout au long de notre démarche, et ce, même si pour des raisons diverses, ils se veulent et se pensent disponibles à un déplacement dans leur processus de connaissance, de formation et d'apprentissage. Ne sont-ils pas venus pour être formés?

De l'étudiant à l'acteur de la formation

Au terme de cette première phase, nous leur demandons de se positionner en tant qu'acteur dans la démarche en explicitant, autant que faire se peut, leurs intérêts de connaissance dans le choix du séminaire ou de la session. Cette exigence de positionnement est la première confrontation au déplacement qui vient d'être évoqué. En participants sages, pour ne pas dire en élèves sages, ils se conforment à cette première règle du jeu tout en laissant échapper, pour les plus audacieux, qu'ils ne comprennent pas comment on peut leur demander de savoir à l'avance ce qu'ils sont venus apprendre de notre enseignement... Or, c'est précisément l'explicitation de cette demande toujours sous-jacente à toute situation éducative qui les institue comme acteurs impliqués et actifs du processus.

Cette demande formulée par les enseignants inaugure le temps de la recherche-formation proprement dite dans laquelle les participants vont entrer en se plaçant comme acteurs-chercheurs en quête de connaissances et comme acteurs-apprenants responsables des savoir-faire et savoir-penser qu'ils seront amenés, tout au long de la démarche, tantôt à inventer, tantôt à développer, selon qu'ils les possèdent déjà ou non. Ce positionnement s'effectue par écrit afin de constituer un texte de référence pour la suite du travail, en particulier dans la phase d'analyse du récit et de bilan de la démarche.

Par cette écriture, l'acteur se donne également une mémoire de ce qu'il choisit d'engager de lui-même dans la recherche-formation à laquelle il est convié. Il se dote ainsi d'une référence d'observation de l'évolution de ses intérêts de connaissances mais plus encore d'un support à la possibilité d'une prise de conscience de l'évolution de sa façon de les nommer.

Cet exercice exigeant interpelle une responsabilité d'auteur potentiel, même si ce tout premier geste n'est pas encore perçu dans cette dimension. Comment être un acteur actif, c'est-à-dire qui commence à écrire son entrée en scène, son entrée en action, sans par là-même être convoqué comme co-auteur et co-improvisateur d'une performance?

De l'acteur à l'auteur-conteur

La phase de partage oral d'un premier récit de vie qui suit cette introduction et ce positionnement peut être effectuée avec le groupe complet, en plus petits groupes, voire par paires, selon les options méthodologiques des animateurs. Il n'est pas inutile de rappeler ici que la narration est orientée par la reconstitution de ce que les personnes pensent être des expériences significatives (situations, rencontres, activités, événements) pour expliquer et comprendre ce qu'elles sont devenues aujourd'hui dans leurs compétences, leurs ressources, leurs intentions, leurs valorisations, leurs choix de vie, leurs projets, leurs idées sur elles-mêmes et son environnement humain et naturel.

À cette étape, c'est l'auteur-conteur qui est convoqué par la médiation d'une histoire à raconter; une histoire qu'il prétend ou pense être «sa vérité» à propos de lui-même. Dans ce tout premier moment narratif, le travail biographique s'apparente à celui de l'auteur littéraire qui choisit ce qu'il explicitera de l'histoire et ce qu'il laissera à l'imaginaire ou au questionnement de l'auditeur.

Il s'agit donc d'une première sollicitation de l'auteur à partager oralement avec un ou plusieurs tiers des moments significatifs d'une histoire de vie dans lesquels il apparaît comme acteur de premier ou de second plan selon qu'il se présente mis en scène par les autres, subissant d'une façon tantôt passive, tantôt réactive ou encore qu'il prenne l'initiative d'un positionnement face à un ou plusieurs autres, engage un choix délibéré, développe un faire créatif qui l'oblige à sortir d'une programmation ou de schémas connus de lui. Soyons plus précis encore, le récit raconté par cet auteur-conteur n'est pas encore une œuvre originale, ce récit ne peut être conté que dans une trame culturelle convenue, et le plus souvent dans un langage convenu à propos de micro-histoires socialement balisées. Tout le monde est né dans une famille, tout le monde a été petit et a grandi, tout le monde a dû apprendre mille et une choses du quotidien et de l'environnement, tout le monde a été confronté dans les pays occidentalisés à une scolarité, tout le monde a vécu la puberté, les premières amours, le choix professionnel, la recherche du compagnon ou de la compagne de vie, la confrontation à la mort, etc.

Même si dans cet acte premier l'auteur-conteur n'est pas encore en mesure de nommer sa singularité à travers la recherche de la forme qui l'exprimerait le mieux, il a posé un acte de prise de parole de soi sur soi devant un ou des tiers.

En fin de récit oral, l'acteur-conteur aura, s'il n'a pas occupé tout le temps mis à sa disposition et qu'il gère à sa guise, à répondre à des demandes de clarifications ou de compléments de la part de la ou des personnes qui l'auront écouté. Ce questionnement ou ce regard en retour imposera *de facto* l'exigence d'une réflexivité. Il n'est pas de retour sur cette phase de la démarche qui ne mentionne l'impact — en termes de découvertes et d'effet de distanciation — de cette première fois où la personne tente d'énoncer son existence dans la continuité et dans sa globalité à un ou des tiers sensé(s) le comprendre.

La position d'auditeur, autrement dit d'acteur-écoutant, va engendrer, quant à elle, un travail intérieur de comparaison par identification et différenciation de son histoire avec la narration écoutée. Ce processus est extrêmement important dans l'initiation d'un questionnement sur ce qui fait que l'on puisse se sentir à la fois si semblable et si différent. C'est dans ce moment qu'en débute la recherche de ce qui fait singularité dans la généralité.

De l'auteur-conteur à l'auteur-écrivain

Dans la troisième étape, il est demandé aux participants de se placer comme auteur-écrivain: les participants doivent passer de leur récit oral à leur récit écrit. Il s'agit dès lors de raconter son histoire dans une écriture qui exige une mise en relation des expériences rapportées lors du récit oral ou ajoutées grâce aux résonances provoquées par l'écoute d'un ou plusieurs autres récits. Autrement dit, la question se pose à eux de savoir comment faire de mon récit une histoire articulée.

L'exigence de cette mise en relation à travers un ou des fil(s) conducteur(s) interpelle l'auteur, au sens littéraire (comment raconter une histoire? Comment traduire les mouvements de ma vie? Comment exprimer la diversité dans une unité?).

Mais l'acteur du présent est aussi convoqué à mettre en évidence des filiations entre les différents acteurs présentés dans ses expériences et celui qui, ici et maintenant, construit son récit en vue d'une production de connaissances.

Cette mise en tension entre l'auteur-écrivain et l'acteur que j'ai été et que je suis aujourd'hui impose l'émergence de la position de lecteur, d'acteur-lecteur, de sa propre histoire en comparaison (similitudes et différenciations) de celle(s) qu'il a entendue(s). La dimension réflexive qu'exige la construction d'un récit sensé mettre en évidence, aussi bien sur le plan de l'extériorité que de l'intériorité, les aspects formateurs des expériences de vie et les fils conducteurs de leur dynamique, impose un nouvel effort de distanciation vis-à-vis de soi-même.

Ainsi, le récit est écrit, lu et relu par l'auteur, parce qu'il se questionne, dans une confrontation à lui-même, sur le sens de ce que l'écriture met en évidence.

C'est le temps fort d'une conjonction entre trois rôles qui se disputent le devant de la scène: l'acteur du présent qui s'institue comme auteur-écrivain et comme son propre lecteur critique sur ses positions d'acteur au cours de sa vie.

Le temps consacré à l'écriture est compris entre trois semaines et deux mois, selon les personnes et la place qu'elles ont choisies de prendre dans le calendrier de présentation et de travail sur les récits écrits, tel qu'il a été établi d'un commun accord avec les participants.

En effet, des paires sont constituées en vue d'un travail sur les récits écrits de telle sorte que chaque participant s'engage dans l'analyse compréhensive du récit d'un tiers qui lui rendra la réciprocité. Ce troisième moment de distanciation, qui s'impose sous la forme d'un regard subjectif — qu'il faudra expliciter — sur un récit autre que le sien, entame une période plus difficile autour de la question de savoir «à partir de quel(s) point(s) de vue vais-je tenter de comprendre la dynamique de l'autre, ce qui le rend semblable et différent?».

Au-delà de la responsabilité principale du travail biographique sur un récit, chaque participant est sensé lire l'ensemble des récits et sera plus particulièrement sollicité sur trois autres récits comme second lecteur. L'intérêt de cette étape, du point de vue des rôles engagés dans la démarche, est la confrontation à être lecteur de soi-même et lecteur d'un tiers, avec un ensemble de questions relatives à l'acte d'interprétation: «En quoi mon écriture est-elle ou non interprétation? À partir de quel(s) référentiel(s) *Je* interprète *Moi*? À partir de quel(s) référentiel(s) *Je* interprète autrui? Est-ce que l'auteur et le lecteur travaillent de la même manière? Comment et sur la base de quoi travaillent-ils? Qu'en est-il de l'acteur engagé dans la démarche lorsqu'il devient lecteur de lui-même et lecteur d'autrui?».

De l'auteur-écrivain à l'acteur-lecteur

Dans la quatrième phase, les récits vont donc faire l'objet d'une analyse intersubjective de ce qui caractérise les acteurs-auteurs des récits. Pourquoi parler d'intersubjectivité? La procédure prévoit deux moments à gérer librement selon le consensus établi dans les paires. Premièrement, le temps de confrontation de la subjectivité du lecteur se trouve face à la subjectivité de l'auteur dans le travail d'analyse compréhensive de la phénoménologie du récit.

Puis vient un temps d'échanges entre les partenaires sur leur regard réciproque et les interrogations qui portent sur leurs interprétations respectives dans un souci de mise en évidence des indices qui autorisent à penser ceci plutôt que cela, à interpréter comme ceci plutôt que comme cela et des référentiels qui structurent l'observation ou la sensibilité à certains indices plutôt qu'à d'autres.

C'est le premier moment de distanciation à l'égard de leur rôle de lecteur d'un auteur-tiers et à l'égard de leur rôle de lecteur de leur propre récit. Parfois les textes demandés dans la première phase se présentent comme des bouées de sauvetage dans le tourbillon des questions qui les interpellent; parfois aussi ces textes sont totalement oubliés et laissent place à une nouvelle configuration née d'une synthèse implicite et intuitive de ce qui a travaillé en chacun(e) dans les étapes vécues.

Pour la formatrice-chercheure que je suis, mon observation et mon action portent essentiellement sur la tentative de faire expliciter autant que possible ce qui se joue pour les personnes dans ces différentes étapes et les différents rôles qu'elles sont appelées à investir.

À cette étape d'interprétations intersubjectives, c'est l'acteur de la démarche qui institue consciemment ou non le lecteur des différents acteurs présentés dans les récits des autres participants. Lorsque cela n'est pas fait spontanément comme expliqué plus haut, c'est dans cette étape qu'il est demandé aux participants de relire les textes des intérêts de connaissance de la première étape afin d'y retrouver des éléments de contextualisation de ce que l'acteur-auteur-écrivain a cherché à découvrir dans la construction de son récit et la mise en évidence de points de repères que le lecteur a utilisés dans son travail d'analyse.

Ainsi les échanges qui ont lieu entre les acteurs-auteurs des récits sur leurs interprétations de lecteurs redonnent le devant de la scène aux acteurs de la démarche.

De l'acteur-lecteur à l'auteur potentiel

Les modalités de la fin de la démarche varient selon les groupes, selon, essentiellement, les prises de conscience qui ont été effectuées durant les différentes étapes. Il est possible avec certains participants de les aider à mettre en évidence le cercle herméneutique que constituent leur récit et leur position de lecteur en renvoyant aux registres d'expression écrite de l'écrivain-interprète et à ceux du lecteur-interprète.

Dès lors, le travail biographique intègre la mise en évidence d'un processus de formation et d'un processus de connaissance à l'œuvre dans la démarche et décodable dans le récit. Ce moment peut être vécu avec le sentiment d'une intégrité retrouvée grâce à la distanciation et d'une nouvelle étape attentive aux idées, représentations, valeurs qui nous orientent dans nos actes les plus quotidiens comme dans les moments de rupture, de nouvelle orientation, de choix à faire. Ce n'est que lorsque cette lucidité et cette vigilance, qui resteront à travailler en permanence, seront atteintes, que l'on pourra parler de l'émergence du sujet de son histoire ou dans le vocabulaire proposé par nos amis québécois, d'un auteur qui compose avec des marges de liberté intérieure, avec des limites socioculturelles — y compris épistémologiques et paradigmatiques — en quête d'une authenticité à conquérir ou à reconquérir à chaque instant.

Du jeu des rôles à l'effet transformateur

Cette confrontation permanente entre l'auteur potentiel d'une vie (de ma vie) et l'acteur socioculturel que nous entendons, lisons et parlons dans le travail biographique de façon souvent non consciente ou confuse peut être la prise de conscience majeure offerte par la démarche Histoire de vie. Il s'opère alors une transformation épistémologique et axiologique qui accompagnera désormais la personne dans la gestion de son existence présente et dans sa façon de se mettre en projet.

Les différents rôles tenus tour à tour et, à certains moments, simultanément, dans ce dispositif entre acteur, auteur et lecteur introduisent un processus de distanciation indispensable à l'objectivation de soi créant ainsi l'espace-temps d'une réflexion intersubjective sur ce qui constitue la subjectivité à l'œuvre dans la construction du récit de son histoire de vie centrée sur sa formation et dans la subjectivité à l'œuvre dans la quête d'un savoir-vivre renouvelé.

C'est à la faveur de ces différents positionnements possibles que le processus de connaissance engagé dans la démarche et effectué peut produire de la connaissance sur soi en tant qu'acteur-lecteur ici et maintenant à travers une réflexion sur la façon de se raconter (l'auteur-écrivain) comme acteur et parfois auteur dans un passé plus ou moins récent.

Il était dans l'intention des organisateurs de cette rencontre de mettre en évidence le pouvoir transformateur d'une pratique d'histoire de vie. Il me semble important de souligner à ce point que le récit de vie n'a pas de pouvoir transformateur en soi, mais que la méthodologie de travail sur le récit de vie peut être l'opportunité d'une transformation selon la nature des prises de conscience qui y sont faites et le degré d'ouverture à l'expérience des personnes engagées dans la démarche.

Dans la méthodologie évoquée ici, la circulation entre ces trois rôles dans un dispositif qui alterne les moments de travail en groupe et individuel donne des chances supplémentaires à l'émergence d'une transformation. En effet, en jouant sur les confrontations des acteurs, auteurs et lecteurs, elle crée un espace-temps nouveau qui introduit l'indispensable distanciation à l'émergence d'une position *méta*. Il est extrêmement rare dans notre vie d'être en position de faire, de vivre, de dire ce que nous faisons ou vivons et de réfléchir sur ce que nous faisons ou vivons comme sur ce que nous en disons avec des partenaires disposés à partager dans le même temps une même recherche.

L'effet transformateur réside sans doute moins dans une transformation des caractéristiques du moi socioculturel et existentiel que dans une transformation du rapport à soi-même et à la façon de réfléchir sur soi et sur ses engagements. Autrement dit, c'est un changement de point de vue sur soi par une ressaisie de soi-même en tant qu'acteur, auteur et lecteur de notre propre vie. Même si nous ne sommes pas maître de tous les événements qui font une existence, nous pouvons nous instituer comme acteur-auteur du sens et des leçons que nous tirons de nos expériences.

C'est pour ma part ce que j'ai voulu mettre en évidence dans mon ouvrage *Cheminer vers soi* en montrant comment le travail sur le récit de vie s'offre comme le passage d'une prise de conscience de la formation du sujet à l'émergence d'un sujet de la formation par la médiation d'une réflexion critique sur la façon de penser son itinéraire expérientiel et existentiel.

Dans ce texte, l'accent a été mis sur les enjeux épistémologique et axiologique de la démarche Histoire de vie et formation. Le pouvoir transformateur du travail sur le récit de vie est donc envisagé dans sa visée optimale. Il est bien entendu tout à fait possible de repérer des apprentissages et des prises de conscience partielles à la faveur de telle ou telle étape ou de telle ou telle pratique durant la démarche. C'est dire avec cette remarque finale que si un changement de perspective peut s'apparenter à une révolution noétique plus ou moins tranquille, les changements partiels peuvent avoir à terme des effets profonds et n'en sont pas moins à leur niveau des transformations occasionnées par le travail biographique.

Le pouvoir transformateur du travail sur les récits de vie peut être mis en évidence selon une échelle d'intensité mais il doit aussi être mis en évidence sur une échelle temporelle, mise en évidence qui n'a encore été effectuée de façon systématique et extensive par aucun des formateurs usagers d'une telle approche auprès des personnes ayant suivi cette démarche.

Annexe

Brève description du dispositif tel que pratiqué dans le séminaire de niveau 2e cycle de licence en sciences de l'éducation. Ce dispositif peut connaître quelques variantes, en particulier depuis le changement du calendrier académique.

Temps 0 – Présentation

Lors de la première semaine de reprise des cours à l'automne, chaque enseignement du programme est présenté aux étudiants: ce qu'on y fera, les charges de travail en cours d'année, les modalités d'évaluation. Les étudiants ont ainsi la possibilité de préciser les choix de leur programme de l'année (cette licence s'obtient par le cumul d'un certain nombre d'unités capitalisées dont bon nombre sont à choix).

Temps 1 – Informations, échanges et négociation

Le(s) chercheur(s)-formateur(s) introduit(sent) à l'émergence des histoires de vie dans le champ de l'éducation des adultes; il(s) donne(nt) des éléments du cheminement intellectuel qui l'(es) associe(nt) à la démarche biographique, à la recherche-formation; il(s) met(tent) en discussion les notions d'implication, de responsabilisation, de distanciation, de travail intersubjectif, de production de connaissance. Ce temps d'information, d'échanges, de négociation des places respectives se conclut par l'écriture individuelle d'un texte présentant les intérêts de connaissance de chacun, parfois les apprentissages projetés et tente une première explicitation de ce qui est mis par chacun dans le mot formation.

Ces textes sont distribués aux participants, lus et commentés; nous en prenons acte. Par leur médiation, nous tentons de préciser où chacun se place dans le processus de recherche.

Temps 2 – Le récit oral

La préparation au récit oral diffère selon les besoins des participants. Il faut répondre à toutes sortes de questions: faut-il écrire son texte et le lire ou parler librement comme cela vient? Comment faut-il s'y prendre pour rassembler tant de choses de la vie en si peu de temps? Combien de temps doit-on parler? Il est courant qu'à ce moment décisif de la mise en acte du travail biographique, l'un ou l'autre reprenne telle ou telle préoccupation qui a déjà été exprimée antérieurement. Ce temps d'écoute et de questionnement de chaque récit en une séance de deux heures est sans aucun doute celui qui permet le mieux d'entrevoir les aspects mis en jeu par la socialisation de son récit et par l'écoute de l'autre. Temps de questionnement parce que des allusions faites ici ou là ont besoin d'être précisées par l'auteur ou parce que des explications qu'il a données ne suffisent pas, ou encore parce qu'il y a quelque incertitude dans la chronologie. Ce temps 2 se termine par les discussions préparant à l'écriture du récit, d'une part, et au choix d'être rapporteur d'un autre récit, d'autre part.

Temps 3 – Commentaires et analyses des récits écrits

L'écriture de son récit et, dans le même temps, la prise de responsabilité d'être rapporteur du récit d'un tiers prépare, seul ou en duo, à la présentation de leur compréhension de la formation, de sa dynamique et des apprentissages exprimés dans tel récit. L'auteur commente ce qui est dit, puis chaque participant, dont le chercheur-formateur, donne ses commentaires, remarques, analyses. Ce déploiement de la réflexion sur ce qui est formateur, ce qui oriente des choix, ce qui fait sens ou non dans sa vie, sur sa façon de se placer dans le mouvement de la vie, tout ce déploiement de la diversité et de la singularité est sensé se terminer sur une tentative de synthèse, autour des questions suivantes: «Que savons-nous de la formation, de la subjectivité au terme de ce processus de recherche? Quelles pistes souhaiterait-on approfondir? Qu'avons-nous appris de cette expérience?».

Cette dernière étape est plus ou moins fortement prise en charge par le chercheur-formateur selon les aléas du calendrier de l'année mais surtout selon la capacité des participants à faire l'effort d'entrer dans cette synthèse qui se situe fin juin, à la veille des examens... À l'opposé, plusieurs fois, nous avons été sollicités par des participants pour poursuivre le travail l'année suivante. Cependant, chacun parvient à dire en quelques points ce qui fut expérience pour lui.

Bibliographie de l'auteur en relation avec l'Histoire de vie en formation

— «Une expérience formatrice: l'approche biographique des processus de formation, de connaissance et d'apprentissage d'adultes en situation éducative», in *Cahiers de la section des Sciences de l'Éducation* 44, Genève, 1985.

— co-éditrice avec M. FINGER des *Cahiers des Sciences de l'Éducation* 44: «Pratiques du récit de vie et théories de la formation», Genève, 1985.

— «Que savons-nous des projets de formation et que faire de ce savoir?» *Revue Éducation Permanente* 86, Paris, 1986.

— «Vers une formation continue intégrant les dimensions techniques et humaines», *Cahiers des Sciences de l'Éducation* 46, Genève, 1987.

— «Da formação do sujeito... ao sujeito da formação», *O método (auto)biográfico e a formação*, Centro de formaçao e Aperfeiçoamento professionnal, Ministério da saúde, Lisboa, 1988.

— «L'identité du point de vue de la formation», *Actes du Colloque européen sur l'identité*, Aix en provence, 1988.

— *Le sujet en formation*, Aix-en-Provence, 1988.

— «Des pionniers de la formation des adultes racontent leur choix professionnel», *Éducation Permanente*, revue de la FSEA, Berne, n° 4, 1989.

— «L'approche biographique des processus de formation de pionniers de l'Éducation des Adultes», In *Les formateurs d'adultes et leurs qualifications*, Lille, éd. CUEEP, 1990.

— «Ces expériences aux cours desquelles se forment identités et subjectivité», *Éducation Permanente* 100/101, Paris, 1990.

— «Quel(le)s professionnel(le)s pour la formation des adultes?», *Cahiers des Sciences de l'Éducation* 58, Genève, 1990.

— Éditrice, *Cahiers des Sciences de l'Éducation* 58: «Les formateurs d'adultes et leur formation», Genève, 1990.

— «La formation aux métiers de la formation: l'expérience de pionniers en Suisse romande», *Cahiers du Laboratoire des sciences de l'éducation*, Tours, L'Harmattan, 1991.

— «Fragments de récit d'une recherche de position transculturelle, l'exemple du Taï-Tchi-Chuan», *Pratiques de formation* (analyses), Université de Paris VIII, n° 21/22: «Le devenir du sujet en formation: l'influence des cultures autres qu'occidentales», 1991.

— *Cheminer vers soi*, Lausanne: L'Âge d'Homme, 1991, (2e édition en réimpression).

— «L'expérience formatrice: un concept en construction». *La formation expérientielle des adultes*. La Documentation Française, Paris, 1991.

— «L'histoire de vie comme dispositif de recherche-formation: une médiation pour la connaissance de la subjectivité». *L'histoire de vie au risque de la recherche, de la formation et de la thérapie*, Cahiers du CRIV (Centre de recherche interdisciplinaire de Vaucresson), 1992.

— «Demande de formation, projet de formation, projet professionnel comme enjeux d'une formation créative et expérientielle». *Le projet, un défi nécessaire face à une société sans projet*. Paris: L'Harmattan, «Logiques sociales», 1992.

— «Que disent les récits de vie de nos projets». *Éducation Permanente*. Revue de la FSEA, Zurich, janvier 1992.

— «L'histoire de vie et l'approche biographique au service d'une nouvelle citoyenneté» *Revue de l'ASOSP* (Association Suisse des Orienteurs Scolaires et Professionnels), Zurich, juin 1992.

— «L'histoire de vie au service d'une nouvelle pédagogie». *Journal de l'enseignement primaire*. Département de l'Instructuion Publique, République et Canton de Genève, juin 1992.

— «Auto-évaluation des fonctions et tâches de responsables de formation et de formateurs dans l'analyse du métier: résultats d'une recherche-formation». *In Actes des 5e rencontres nationales des formations de formateurs diplômantes en septembre*, Marseille, 1992.

— «Singulières histoires de vie», *Campus* 17, Magazine de l'Université de Genève, février 1993.

— «La motivation n'est pas l'arbre qui cache la forêt?» *In Actes du Colloque Orient'action sur la Motivation,* juin 91, Niort, 1993.

— «Peut-on séparer la recherche de la formation en Éducation des Adultes?» *Cahiers des Sciences de l'Éducation, Penser la formation* 72, Université de Genève, octobre 1993.

— «La formation comme art du temps». *Temps, Éducation et Sociétés*, Tome 1, CERSE, Université de Caen, mai 1993.

— Co-éditrice avec J-M. BAUDOUIN, «Penser la formation». *Cahiers des Sciences de l'Éducation* 72, Université de Genève, 1993.

— «Les compétences de la fonction bilan». *In* B. LIÉTARD (dir.) *Quelle formation pour les accompagnateurs de Bilans?* Délégation à la formation professionnelle, Ministère du travail, Paris, décembre 1993.

— «Peut-on séparer la recherche de la formation et la formation de la recherche en formation d'adultes?» *Estudo actual da investigaçãoes en formação*, Sociedade Portuguesa de ciências de educação, Edição Afrontamento, O Porto, 1995.

— Traduction italienne de «Apprendre en tant qu'adultes: défis et risques, enjeux, ressources et difficultés». *Adultità* 2, Milan, octobre 1995.
— «Apprendre en tant qu'adulte: défis et risques, enjeux, ressources et difficultés». *In* E. BOURGEOIS (dir.) *L'adulte en formation: regards pluriels.* Bruxelles, De Bœck, 1996.
— «L'histoire de vie dans un dispositf de recherche-formation: une médiation pour la connaissance de la subjectivité». *In* P. ALHEIT *et al.*, (dir.) *The biographical approach in Eurpean Adult education.* Wien, Edition Verband Weiner Volksbildung, 1995.
— «La formation continue peut-elle être autre chose qu'une obligation de plus?» *Éducateur*, supplément au n° 7, Le Mont sur Lausanne, mai 1996.
— en collaboration avec M. PFISTER et R. MULLER. Rapport de recherche au Fonds National de Recherche Scientifique (Suisse), Université de Genève, FPSE, août 1996.
— «L'identité du point de vue de sa formation: apports des récits de vie». *In Actes des rencontres ASIHVIF, Cahiers de l'ASIHVIF*, Louvain-la-Neuve, à paraître.
— *Un récit de vie, et alors?* sous la direction de C. Josso, réunissant neuf contributions franco-helvético-québécoise, en préparation.
— «Les projets entre ouvertures à la vie et soutiens imaginaires à notre incomplétude». *Le projet, nébuleuse ou galaxie*, AFPA/Université de Genève, Delachaux et Niestlé, à paraître.
— «Cheminer avec: Interrogations et défis posés par une recherche de convivance en Histoire de vie». *La fonction accompagnement en Histoire de vie.* L'Harmattan, Paris, à paraître.
— «Cheminer vers soi: un processus-projet de connaissance de son existentialité». *In* P. DOMINICÉ (dir.) *Histoire de vie et interdisciplinarité.* Paris, L'Harmattan, à paraître.
— «Histoire de vie et sagesse ou la formation comme quête d'un art de savoir-vivre». *In* R. BARBIER (dir.) *Éducation et sagesse.* Paris, Albin Michel, à paraître.

Du moi acteur au je auteur

André Vidricaire
Professeur, Département de philosophie
Université du Québec à Montréal

Pouvons-nous affirmer que la pratique de l'histoire de vie par soi-même et pour soi-même vise à faire de soi l'auteur de sa vie ? En ce qui me concerne, j'ai pensé pendant très longtemps que les récits de vie professionnelle qui racontent des expériences novatrices de travail non reconnues, et ce dans des sphères peu valorisées de la société, faisaient naître des auteurs. Mais en fait, mon approche biographique a donné lieu seulement à des récits de pratiques ou à des récits d'acteurs sociaux. Ainsi, j'ai fait s'exprimer non pas des auteurs, mais bien des narrateurs qui ont raconté l'histoire d'eux-mêmes comme sujets collectifs, mais non comme individus singuliers.

Sans doute faut-il rappeler que plusieurs d'entre eux n'ont pas vraiment choisi leur emploi et souvent les tâches qu'ils exercent se réduisent à exécuter. De même, le récit oral et écrit de leur histoire de vie n'est souvent qu'une reproduction d'une parole sociale qui a déjà défini leur place et le sens à donner à leur vie. C'est pourquoi ces récits ne font que mettre en valeur des destins d'acteurs sociaux qui partagent une même condition. Bref, il ne suffit pas de prêter son corps et sa voix à une pratique pour faire de soi un auteur de sa vie et de son récit de vie.

Ce sont ces problèmes qui nous incitent à chercher des réponses aux questions suivantes:

> *Par-delà les circonstances historiques, sociales et idéologiques (qui ne sont pas des données contingentes) à quelles conditions, l'être humain peut-il inventer une issue pour lui-même, s'inventer lui-même, dire je et expérimenter l'unité de soi?*
>
> *Par ailleurs, malgré son vécu où il souffre d'être, à l'intérieur de lui-même, autre que lui-même, à quelles conditions peut-il se dire auteur de son histoire de vie?*
>
> *Et comment l'histoire de vie permet-elle d'identifier et de différencier le moi acteur du je auteur?*

Pour répondre à ces questions, nous tenterons de définir le soi à partir des observations de notre propre pratique de l'histoire de vie, pour ultimement déboucher sur sa théorisation. Mais, au préalable, il importe de rappeler qu'aussi bien en sociologie qu'en éducation, il y a des usages particuliers de l'approche biographique en rapport avec des conceptions du sujet, de l'individu ou de la personne qui sont loin d'être équivalentes. De même, il existe une histoire des figures de la subjectivité qui montre que les formes et les modalités de la relation à soi ont varié historiquement. Ce faisant, nous verrons que les réponses aux questions posées nous obligent à reconsidérer les définitions du soi et à clarifier les notions de sujet, individu, personne, égo, je, moi.

Les courants sociologiques et éducatifs

Matthias Finger (1988) a fait l'étude de quatre courants en sociologie, qu'il schématise de la façon suivante.

Courants	Objectif de la recherche	Rôle de la biographie	Conception du sujet
Premier courant: Anthropologie culturelle, histoire orale et ethnobiographie	Comprendre des cultures; archiver des cultures en voie de disparition	Méthode d'accès à la culture	Le sujet est social et fait partie intégrante de la méthode
Deuxième courant: École de Chicago et ethnométhodologie	Répondre à des problèmes sociaux (transformations sociales)	Moyen pour illustrer la transformation sociale, étude de cas	Le sujet reflète en partie la société; la subjectivité pose problème
Troisième courant: Sociologie du cours de la vie et interactionnisme symbolique	Élucider des mécanismes qui se situent au niveau de la structure sociale	Technique sociologique et objet sociologique (reflet et effet de la structure)	Sujet évacué
Quatrième courant: F. Ferrarotti	Lire une société à travers une biographie	Méthode herméneutique de l'interaction	Le sujet est social et fait partie intégrante de la méthode («subjectivité explosive»)

Selon ce tableau de Finger, l'approche biographique en sociologie est une méthode de recherche qui vise essentiellement à expliquer l'acteur social. En effet, trois de ces quatre courants qui utilisent l'histoire de vie dans la recherche sociale, réduisent le sujet, soit à un être culturel, soit à un acteur social qui, confronté aux transformations de la société, interprète les structures et agit à l'intérieur d'elles, soit à un atome social qui est un effet des structures sociales qui produisent et distribuent les individus.

Seul Ferrarotti fait du sujet un acteur social actif qui totalise en lui les expériences sociales et actualise cette totalisation dans l'interaction. Bref, ces courants sociologiques qui utilisent les histoires de vie comme méthode d'enquête rendent compte de la constitution de l'acteur social, mais cet acteur social est défini différemment d'une théorie à une autre et aucune ne dit comment l'individu peut être l'auteur de cet acteur social. Aussi, il faut chercher une théorie de la formation de l'acteur social qui, dans son rapport au monde concret, s'autonomise et se fait auteur de cet acteur.

Il n'en va pas de même en éducation. L'histoire de vie est à la fois une approche de formation du soi et une méthode de recherche où celui qui est l'objet de cette recherche en est aussi le sujet. Par contre, comme en sociologie, les usages de l'histoire de vie diffèrent d'un courant éducatif à l'autre, sans doute à cause de divergences sur la définition du soi.

Ainsi, pour Matthias Finger (1989 et 1996), en lien étroit avec la crise de la société moderne et de ses institutions qui provoque toute sorte de distorsions entre les vécus, les pratiques et les expériences de vie d'une part, et la perspective socioculturelle d'autre part, l'histoire de vie est l'apprentissage d'une issue qui consiste en une recherche permanente d'une nouvelle cohérence entre les vécus, les pratiques et les expériences et la perspective qui leur donne sens. En effet, la formation doit trouver une issue à la fois à l'individualisme généralisé et à la crise économique (crise du développement durable), politique (crise de l'état-providence) et socioculturelle (crise de la communauté). C'est pourquoi cette formation vise à transformer la perspective d'une personne en fonction de la réinterprétation de son vécu, de ses pratiques et de ses expériences. Par exemple, l'approche biographique pour des cadres du secteur public vise à reconstruire une identité collective de service public qui donne lieu à une nouvelle pratique professionnelle et, ce faisant, permet d'élaborer un nouveau rapport avec l'état. Bref, le changement de perspective doit conduire à de nouvelles expériences de vie qui soient en même temps des réponses collectives à la crise de la modernité dont l'homme est le produit. Par contre, selon Finger, il reste à faire la conceptualisation de cette approche biographique. En effet, cette pratique de l'histoire de vie n'a pas pour but la formation d'une conscience critique du sujet (modèle radical et critique), ni le développement de la compétence de l'individu (modèle pragmatique), ni la formation de la personne en terme d'actualisation de soi-même (modèle humaniste). Aussi, son fondement théorique doit se trouver non pas dans le pragmatisme (Dewey), dans l'interactionnisme symbolique (Blumer) ou dans la psychologie humaniste (Rogers), mais plutôt dans la phénoménologie (Husserl), l'herméneutique (Dilthey) et la Life-World Philosophy (Schùtz), avec cette réserve importante que cette tradition intellectuelle définit le sujet comme un «soi consistant et unifié» alors que la postmodernité parle du «soi éclaté et multiple». Bref, la réponse à la question de la nature du soi ne saurait se trouver dans une théorie toute faite.

Pour Christine Josso (1991), l'histoire de vie est un procès-projet de connaissance de soi-même qui s'énonce dans une pluralité de registres où le sujet prend conscience de ses différentes modalités d'être au monde (savoir-être, savoir-faire, savoir-penser, savoir-communiquer, savoir-créer) et donc de ses objectivations et de ses valorisations. En d'autres termes, l'histoire de vie est un itinéraire de pratique de connaissance qui consiste à penser ses expériences formatrices dynamisées par diverses positions existentielles pour, d'une part, donner sens et signification historique à sa vie et donc élaborer sa sagesse de vie. D'autre part, l'histoire de vie est une des voies de connaissance de soi comme prise de conscience de sa faculté conscientielle à la base de toute expérience. À la suite de Laing, Gattegno et à l'approche orientale, l'être psychosomatique qui «est par définition sujet en soi» ne devient sujet pour soi que s'il développe son potentiel conscientiel créateur sur les plans perceptif-sensitif, émotionnel-affectif et intellectuel-discursif dans un projet d'exister.

Pour Gaston Pineau (1996) l'histoire de vie comme art formateur de l'existence est une pratique de prise de pouvoir-savoir de sujets (individuels et collectifs) sur leur vie pour en faire une œuvre. Plus précisément, l'approche biographique est une recherche et une construction de sens à partir de faits temporels personnels. Il y a donc une autoconstitution de l'être humain qui est pour Pineau un système biocognitif qui s'émancipe en développant une relation paradoxale d'autonomie et de dépendance avec l'environnement cosmique et social. Mais ce système reste mal connu et en attente d'une théorie.

	Objectif de la recherche-formation	Rôle de l'histoire de vie	Conception du soi
Matthias Finger		Apprentissage d'une issue	À définir
Christine Josso	Théorie du rapport recherche-formation d'adultes	Voie de connaissance de soi	Potentiel conscientiel créateur
Gaston Pineau	Théorie des savoir-vivre pratiques comme arts formateurs	Recherche et construction de sens à partir de faits temporels personnels	Système biocognitif à définir

En résumé, en sociologie, l'histoire de vie qui est un instrument d'enquête explique et rend compte de la constitution de l'acteur social comme sujet miroir de son temps, mais sans dire comment un individu peut être l'auteur de cet acteur social. En éducation, l'histoire de vie, qui est à la fois une approche de formation et de recherche, vise soit l'apprentissage d'une issue (Finger), soit le développement de la conscience créatrice (Josso), soit l'autoproduction de sa vie (Pineau). Là encore, ces divergences des visées des pratiques dépendent des conceptions différentes de la nature du soi. En outre, ces trois approches visent la formation de soi mais sans définir, ni différencier l'auteur de l'acteur ni au niveau du vécu, ni au niveau du récit de ce vécu, de sorte qu'on ignore comment l'expérience de soi qui, historiquement, a pris diverses modalités et diverses formes, donne lieu à une figure de la subjectivité qui ne soit pas simplement un miroir du temps.

Figures historiques du soi

Il importe de rappeler ici que, comme le soi n'est pas une essence individuelle, ni une entité subjective qui existe toute équipée au fond de la conscience, l'être humain a expérimenté de tout temps une multiplicité de formes de rapport à soi qui, selon Foucault, «a ses modèles, ses conformités, ses variantes et ses créations» (1994: 617). Aussi, il y a une histoire sociale des figures de la subjectivité liées aux multiples expériences du soi structurées comme des pratiques qui se produisent dans divers contextes sociohistoriques.

Selon Mauss (1983), «tout un ensemble de sociétés sont arrivées à la notion de personnage» qui consiste pour l'individu à remplir un rôle fait de droits et de devoirs, de titres et de noms apparentés au clan auquel il appartient. En exerçant ce rôle, l'individu s'introduit dans un espace social qui lui confère une place et une identité. Bref, c'est l'espace extérieur cosmique, mythique et ritualiste avec ses significations propres qui dicte à l'interlocuteur le rôle qu'il est appelé à exercer pour réaliser son destin. Ce rôle est représenté par des masques et des peintures corporelles, lors de fêtes et de cérémonies. L'individu devient un personnage et s'y maintient, si en retour il est un interlocuteur qui entretient des échanges avec les dieux, les esprits ou les ancêtres.

Ce sont les Grecs et les Romains qui transforment ces droits et ces devoirs d'un personnage dans l'organisation d'un clan en un droit fondamental de l'homme libre dans la cité. Ainsi, la personnalité mythique se change en une personne morale qui, avec le Christianisme, est définie en une entité métaphysique faite d'une substance rationnelle et individuelle. Bref, à partir de Platon, des Stoïciens et surtout du Christianisme, l'espace extérieur est remplacé par un espace spirituel auquel l'homme a accès par l'esprit, la contemplation ou la grâce.

Par la suite, les philosophes modernes suppriment et l'espace cosmique et l'espace spirituel pour ne reconnaître que l'espace de la raison et de la conscience qui deviennent les deux éléments définissant la personne. Cette dernière phase correspond à une intériorisation de l'individu d'abord comme substance rationnelle, puis comme monade qui a des capacités biologiques propres à son espèce et qui émergent ontogénétiquement de l'expérience interne de chacun dans les conditions normales de croissance. Du coup, on substitue l'acquisition de capacités signifiantes par l'exercice et l'actualisation de ces mêmes capacités et on identifie le soi à des capacités de la personne, à des compétences de l'individu ou encore à la conscience du sujet qui sont autant de définitions critiquées par un des courants éducatifs sur les histoires de vie.

En rapport avec ces trois grandes figures historiques du soi décrites par Mauss, C. Taylor (1985) montre que l'être humain est un «self interpreting animal» qui a toujours été soucieux de lui-même. Mais les formes et les modalités de la relation à soi par lesquelles il s'est constitué et s'est reconnu lui-même, sont liées à trois dimensions: (1) l'espace public, (2) le lieu de l'articulation des significations et enfin (3) le statut du sujet. Ces dimensions ont été vécues, comprises et définies différemment au cours des siècles pour aboutir à la notion moderne d'individu libre, responsable et original mais sans espace public langagier pour partager avec d'autres interlocuteurs des significations de la personne.

En résumé, par-delà ces avatars historiques, tout se passe comme si cette histoire sociale des représentations de la personne n'avait été qu'un questionnement ininterrompu du «connais-toi toi-même» dont les réponses auraient consisté à passer d'une conception du personnage à celle de la personne morale, puis de la conception d'un être métaphysique (libre) à celle d'une forme fondamentale de la pensée et de l'action.

Foucault précise qu'aux origines de la culture occidentale, ce précepte de se connaître soi-même est toujours associé à cette autre injonction de prendre soin de soi. Mais le rapport entre ces deux principes fait problème (1994: 786). Pour Platon, le souci de soi est assimilé à prendre connaissance par la maïeutique des vérités éternelles déposées en l'âme (Pineau et Le Grand 1993: 22). Ainsi, dans l'*Apologie*, Socrate, en réponse à l'Oracle de Delphes qui l'enjoint de rappeler aux hommes de retrouver la vérité qu'ils portent en eux, plaide qu'il s'était donné pour mission d'examiner les idées des politiciens, des poètes et des hommes de métier qui n'ont aucun souci d'eux-mêmes, étant plutôt soucieux de fortune, de réputation et d'honneurs. C'est plutôt durant la période hellénistique que la connaissance de soi est une conséquence du souci de soi (Foucault 1994: 789). Ce souci de soi comporte divers entraînements de soi par soi dont notamment l'écriture qui, se substituant au dialogue socratique, vise non pas le déchiffrement de soi-même, de ses pensées, de ses représentations et de ses désirs, mais sa constitution comme sujet rationnel par la méditation de notes que l'on collige à partir de lectures, conversations et réflexions. Bref, le souci de soi est la connaissance de règles de conduite et de principes et donc un art de se gouverner.

Sous l'Empire gréco-romain des deux premiers siècles, apparaît un récit du rapport à soi, à ses pensées et à la façon dont on a éprouvé les choses. Dans la correspondance de Sénèque, Marc-Aurèle et Pline, ce souci de soi se présente comme un devoir permanent de toute une vie. À partir du IVe siècle, la spiritualité chrétienne substitue au souci de soi la connaissance de soi qui consiste à connaître sa nature créée et voulue par Dieu qui mène à renoncer à soi au profit d'une présence et d'une affirmation de Dieu par soi et en soi, à travers soi. Ainsi, la connaissance de soi par la direction spirituelle, l'examen de conscience et la confession vise à apprécier si ses pensées sont empreintes de l'image de Dieu. En effet, recherchant Dieu, l'examen de ses pensées vise le renoncement du sujet à sa volonté et à lui-même. Du XIIIe au XVIIe siècle, la connaissance de soi implique la pénitence; là encore, l'ascèse de soi s'accompagne du renoncement du sujet à lui-même pour être transparent à la présence de Dieu.

Avec Descartes se produit une rupture. En effet, distinguant la rationalité de la Révélation et aussi ce qui est au pouvoir de l'homme de ce qui ne l'est pas, Descartes ramène les arts de l'existence à un rapport strict au savoir — la rationalité — comme seule méthode de connaître et de se diriger. Ainsi, son *discours*, qui est l'histoire de ses pensées, raconte uniquement les voies parcourues par la réflexion qui l'a conduit à la méthode à suivre pour accéder à l'évidence de la vérité et pour faire ce qui est en son pouvoir. Le sujet pensant devient la source et le fondement du savoir et de l'agir. À partir du XVIIIᵉ siècle jusqu'à aujourd'hui, les sciences humaines font des techniques de la connaissance de soi «non pas l'instrument du renoncement du sujet à lui-même», mais «l'instrument positif de la constitution d'un nouveau sujet» (Foucault 1994: 813) «par l'exclusion de certains autres» (fous, criminels, pauvres) et par le développement hégémonique de savoirs disciplinaires qui ont créé une «rupture-illégitimation-refoulement des connaissances expérientielles des vivants, développées dans la conduite de leur vie courante» (Pineau 1995a: 45).

Ces expériences passées du soi, aujourd'hui révolues, soulèvent la question de quelles sont la forme et la modalité de la relation à soi, en cette fin de siècle, qui permet à la fois de devenir auteur et acteur de sa vie en société et de s'y maintenir? De même, en quoi un rapport autobiographique à sa propre vie fait de soi un auteur?

Formation de soi par le vécu

Pour répondre, il faut revenir aux gens aux prises avec des emplois d'exécutants qu'ils n'ont pas voulus et dont les récits de vie ont donné lieu à des récits de pratique d'acteurs sociaux, mais non à des récits d'expériences singulières. Je concluais qu'il ne suffit pas de prêter son corps et/ou sa voix à une pratique pour faire de soi un auteur. Par contraste, que dire de Colette (Turcot et Duquesne 1987; Brun 1997), une femme gravement handicapée qui, au lieu de mener sa vie, a longtemps été menée par la misère? En effet, elle partage à partir de 1948, à Ville Jacques-Cartier, une maison en papier-briques d'une seule pièce séparée par un rideau, sans eau, ni toilette (jusqu'en 1956) où s'entassent ses parents, ses trois frères et sa soeur, ses grands parents à partir de 1961 et enfin, sucessivement, une tante, puis un locataire en remplacement de la grand-mère décédée. Pour joindre les deux bouts, son père, homme autoritaire qui boit par découragement, a deux emplois pendant plus de vingt ans. Et comme tant d'autres de ce quartier sans trottoirs, ni rues asphaltées et éclairées, il a construit de ses mains cette mansarde qu'il améliore et agrandit d'année en année, mais qu'il doit vendre à perte quand les taxes sont trop élevées et incitent les pauvres à redevenir locataires. De même, face à des échecs répétés à l'école, au travail et auprès de l'assistance sociale, Colette, jeune adolescente, fait des dépressions et des tentatives de suicide jusqu'à ce qu'elle trouve des appuis, dont ATD-

Quart Monde, qui l'ont conduite à rechercher son identité et à défendre la dignité des pauvres. En quoi serait-elle une auteure, mais pas les autres qui constituent la majorité des femmes et des hommes «ordinaires» qui œuvrent dans des emplois des secteurs secondaires (usines, manufactures) et tertiaires (services) de nos villes anonymes?

Que dire également de ce travailleur social (Desmarais et Mercier 1991) considéré comme un visionnaire et un réformateur, à la suite des changements qu'il a effectués? En effet, Jean-Bernard Robichaud, originaire de l'Acadie, après des études en service social à l'Université de Montréal, pratique dans sa province, puis enseigne cette profession en Tunisie. Ambivalent face à la formation universitaire reçue qui se référait à l'approche «casework» et à la relation d'aide de Rogers, sa pratique, notamment de coopération, est une expérience déstabilisante tant sur les plans professionnel que personnel. Cette réalité l'incite à faire un doctorat en travail social à l'Université de Chicago où il fait sienne une conception du développement social défini comme un processus de changement par objectifs. De retour à Montréal, il est nommé à la direction des services professionnels, puis à la direction générale du Centre des Services sociaux du Montréal métropolitain (CSSSMM) où, avec cinq collègues, il réorganise l'institution publique des services sociaux de Montréal. À la suite des compressions budgétaires qui mettent en question à la fois ses convictions et son intégrité personnelle et professionnelle et qui coïncident avec une crise familiale, il démissionne et prend un temps de réflexion dans un poste de chercheur avant d'accepter un poste de recteur dans sa province d'origine. Est-ce que ces diverses étapes de formation-pratique-recherche font de lui un auteur ou simplement un acteur qui a changé de rôles?

En résumé, au cœur des déterminations et des conditionnements, en quoi une formation de soi par le vécu ne se réduit pas uniquement à une adaptation au monde comme il est et va, comme il se représente et se valorise? Qu'est-ce qu'une formation expérientielle de soi qui soit invention de soi-même, et ce, même si sa vie prend souvent des directions qui n'ont pas de sens?

Dans ces exemples, il faut distinguer l'ouvrier de la personne de l'ouvrier, le pauvre de la personne du pauvre, le travailleur social de la personne du travailleur social. Paraphrasant Sartre (1960: 44), il faut dire: «Certes, Kolette est une pauvre, mais tout pauvre n'est pas Kolette». De même pour Jean-Bernard Robichaud et pour chacun de ces gens «ordinaires» qui ont un nom. Bref, il y a d'un côté le pauvre, le travailleur social ou l'ouvrier qui est l'individu à connaître et de l'autre, il y a la façon dont la personne du pauvre, du travailleur social ou de l'ouvrier vit cette réalité qu'il faut chercher à comprendre. Ce sont là deux opérations nécessaires et complémentaires que je vais tenter ici d'expliciter en décrivant le modèle suivant de l'autoconstitution du soi.

Autoconstitution du soi (sujet)			
dimension immanente physico-psychique			dimension transcendante spirituelle
AUTOCONSTITUTION DU MOI-INDIVIDU-ACTEUR			AUTOCONSTITUTION DU JE-PERSONNE-AUTEUR
ÊTRE	FAIRE	AVOIR	
ce que le moi est	ce que le moi fait	ce que le moi a	qui je suis
compétences qualifications expertises traits de caractère horizon existentiel	performances interactions	biens matériels biens symboliques pouvoir- savoir- valoir	dans mon humanité et dans ma dignité
en rapport avec ses dispositions naturelles, le milieu sociogéographique, des événements			en rapport avec sa quête d'unité, de totalité, de sens

Le pauvre peut être célibataire ou marié, catholique ou incroyant, être locataire dans un logement à loyer modique, un HLM, une Coop. ou dans un tout autre immeuble, avoir une auto ou préférer le transport public et la bicyclette, travailler au salaire minimum ou être au chômage ou vivre de l'aide sociale, avoir des traits de caractère parfois contradictoires (politesse, timidité, doute de soi, colère, à la fois dépression et endurance, à la fois panique et maîtrise de soi, etc.), appartenir à un réseau ou vivre isolé. Il en est de même du travailleur social qui peut être originaire du Québec ou d'une autre province, issue d'une famille sans formation classique et/ou professionnelle ou l'inverse, désirer ou non acquérir une véritable identité professionnelle, œuvrer comme praticien et/ou gestionnaire, participer ou non à l'institutionnalisation des services sociaux publics, affronter ou non plusieurs crises tant institutionnelles et administratives que personnelles et donc vivre des périodes de reconstruction qui donnent lieu ou non à une mobilité ascensionnelle dans l'échelle sociale.

Enfin, l'ouvrier peut être de sexe masculin ou féminin, être Québécois de souche ou Polonais, posséder une scolarité minimale ou un diplôme professionnel, être simple manœuvre qui occupe tous les postes dans l'usine ou responsable d'une machine qui produit des milliers de cigarettes à la minute, continuant d'habiter comme ses parents à proximité de l'usine ou ayant fui le quartier, actif dans les loisirs offerts par la compagnie (quilles, base-ball, hockey, pique-nique, parade), s'impliquer comme militant syndical ou être davantage préoccupé par sa vie de famille et l'avenir de ses enfants.

Ces éléments multiples et composites sont autant de rapports au monde et à autrui pour se constituer soi-même comme moi dans son être (ce que le moi est), son faire (ce que le moi fait) et son avoir (ce que le moi a). D'un mot, c'est le moi-acteur qui exerce telles fonctions et joue divers personnages.

Cette autoconstitution du moi, acteur social actif, fait siennes, selon Ferrarotti, des structures sociales, c'est-à-dire s'approprie des rapports sociaux, les intériorise et les retransforme en structures singulières dans lesquelles s'immisce la société pour conditionner le moi à la production-consommation, voire pour orienter ses motivations et ses attitudes en fonction de ses valeurs. Bref, le moi naît dans une géographie déjà structurée. Cette géographie est constituée non seulement de lieux (habitat, ville, pays), mais de groupes sociaux (famille, groupes de pairs, de travail, de voisinage, de quartier, qui sont des espaces de contraintes, d'incitations et de représentations) et de classes sociales et enfin d'un ensemble d'objets culturels qui sont des pratiques et des savoirs régis par des règles. Aussi, tous ces éléments possèdent des caractéristiques propres et une histoire qui ne se réduisent pas à celles des individus et réciproquement. En fait, l'autoconstitution du moi est le résultat d'une pratique qui est une activité synthétique d'appropriation et de retraduction, notamment des influences du milieu, mais aussi des dispositions naturelles et des événements. Enfin, ce moi forme un «horizon existentiel concret» qui donne sens (espoirs, buts, intérêts, joies) à tout ce qu'il est, ce qu'il fait et ce qu'il a.

Cet «avènement bouleversant» du moi qui s'attache au monde s'explique par le fait que le soi est en quête d'unité, de plénitude et de totalité. Or cette quête n'est jamais linéaire. Elle comporte un questionnement, parfois en début de vie, souvent en fin de vie. Ainsi cet élan dans l'histoire du soi du pauvre (Kolette) est dès la naissance un échec à cause de son asservissement qui blesse l'intégrité et la liberté de sa personne. Aussi, cet échec s'accompagne-t-il souvent de sentiments d'angoisse, d'impuissance, de vulnérabilité et de frustration. Capitulant, «sa misère guide sa vie». Dans l'histoire du travailleur social (Robichaud), cette expérience d'inadéquation survient à divers moments de son parcours professionnel, alors que pour chacun des ouvriers, bien que leur récit ne le mentionne pas, il y a réarrangement continuel de leur vie.

Ce questionnement peut dépendre de multiples raisons: ce qui était important ne l'est plus (ou l'inverse); ce qui se présentait comme le sol stable de sa vie et lui donnait sens s'effondre et dès lors son horizon existentiel s'effrite et c'est la dérive existentielle. Ou encore, l'aventure s'avère longue, douloureuse et épuisante, parce que jalonnée de doutes, de peurs, de fourvoiements, de lâchetés, d'aléas, de retraits et de moments de désarroi et de désespoir et dès lors, le vécu devient trop exigeant et trop envahissant et c'est la perte de repères. Ou encore, ce sont les sens donnés à la vie qui deviennent objets de préoccupation intérieure et qu'il faut approfondir pour les articuler à sa propre vie qui prend toutes sortes de directions.

Ce qu'il faut retenir, c'est qu'à divers moments de sa vie, l'être humain interroge son rapport au monde et sa responsabilité envers lui. Bref, c'est la quête du sens des choses, du monde, d'autrui et de l'existence humaine qui englobe la quête existentielle initiale de tout être humain désireux d'unité, de totalité et d'être, mais que les expériences dans le monde ne comblent pas. Aucun de ces objets en soi ne garantit le sens. Tout peut élever ou rabaisser et dans tous les cas, la quête demeure toujours inachevée parce que la question du sens de la vie est une expérience spécifique à l'être humain par laquelle il découvre qu'il est du monde sans en être. Certes, il appartient à ce monde; il en émerge, mais comme existence séparée, qui a sa manière propre de vivre le monde. C'est le paradoxe de l'être humain d'être porteur d'une double dimension: la dimension immanente du moi-individu et la dimension transcendante du je-personne appelé à affronter la question du sens de la vie comme une expérience à vivre continuellement, mais qui, à la différence du moi individuel, ne peut pas être défini comme une entité concrète parce que le je-personne se confond à la quête inatteignable de l'Être qui donne pourtant cohérence au soi et fait du soi un vrai être hunt des opérations de mise ensemble et en sens, du faire et enfin, du penser (Pineau 1995b) et qui portent sur soi, autrui et le monde:

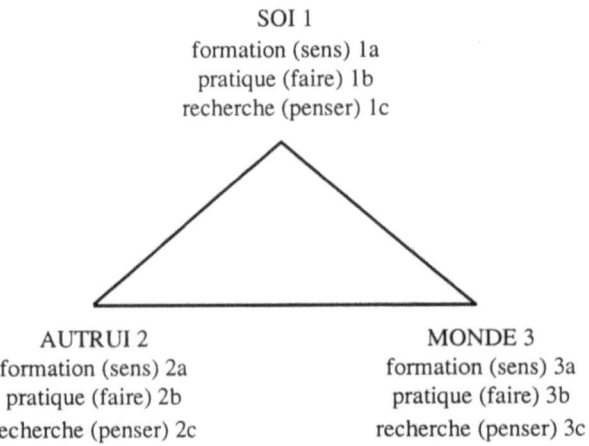

Jean-Bernard Robichaud

Pour J. B. Robichaud, les étapes de son expérience FPR se répartissent en trois grandes périodes, chacune ponctuée d'une crise personnelle et professionnelle. Après sa formation (1a) en service social à l'Université de Montréal (2a) qui le laisse «ambivalent» parce qu'il n'est pas certain de son identité professionnelle (1c) et donc permet de compléter sa formation (1a) et de mieux comprendre la discipline d'intervention (3c). Des tuteurs (2b) et un ami-collègue (2a-b) l'accompagnent dans cette deuxième démarche de recherche-formation. Par la suite, il se lance (1b) avec une équipe (2b) pendant plusieurs années dans la réorganisation des services sociaux de Montréal basée sur la coordination et la concertation. Mais des mesures de compressions budgétaires remettent en question cette institution publique et les personnes qui y travaillent (2a). Il cherche des appuis (2c-a) pour modifier cette politique de l'état: sans succès. «À la fin de l'exercice, j'étais exténué, je me sentais en contradiction profonde avec mes convictions... j'étais démoli et démotivé. C'était pour moi une question d'intégrité personnelle et professionnelle. À cette crise professionnelle, s'ajoutait une crise familiale. Tout cela exigeait un arrêt, un temps de réflexion, une période de reconstruction personnelle et professionnelle. «C'est ce que j'ai fait» (1a). Il occupe un poste de recherche-action (1c), le temps de se refaire lui-même (1a) avant d'accepter le poste de recteur (1b) «où il y a une continuité quant à mes aspirations de développement social et où mon expérience de gestion au CSSMM m'est très précieuse» (Desmarais et Mercier 1991: 30).

C(K)olette

Née d'une famille déjà aux prises avec la misère (2b, 3b), Colette, femme handicapée, subit des privations durant toute sa jeunesse (1b). Résidant dans une ville (2a b) considérée par le milieu environnant comme une ville de misère (3a b), elle affronte l'exclusion du pauvre qui n'est pas comme les autres. Après l'échec scolaire (1a), elle décroche, non sans peine, un emploi (1b). Mais sa condition physique ne suit pas. Étant une bouche inutile dans la famille (1a b, 2a), elle réclame l'aide de l'assistance sociale (2b) qui refuse parce qu'elle est trop jeune. Se trouvant sans issue, elle désespère et dérive (1a). À vingt ans, terminant une convalescence à l'hôpital, Colette choisit de quitter la maison familiale (1b) pour, avec l'aide d'amis (2b) se louer un appartement et, ce faisant, obtenir le soutien des services sociaux (2a b). C'est son apprentissage d'assistée sociale (1a c): elle doit se confronter aux règlements, à la méfiance, au mépris, aux humiliations, aux étiquettes : les pauvres paresseux, profiteurs, irresponsables (3a b).

Ainsi, à force de s'entendre dire qu'elle est un «cas», elle décide de remplacer son prénom de Colette par celui de Kolette (1a). Par contre, elle lutte (1b) pour elle (2b) et pour d'autres dans la même situation en refusant d'entrer dans le moule (3a b), car, dit-elle : «c'est la mort de ta personnalité, même si c'est pas la mort de ton corps» (Turcot et Duquesne 1987: 145). Aussi, à ceux qui lui demandent sa profession, elle répond «fonctionnaire... payée par l'État» (1b); et s'ils veulent des précisions sur son emploi, elle dit qu'elle est assistée sociale (1a). Du coup, la communication change (Turcot et Duquesne 1987: 152). Or, voici qu'en 1977, elle fait la connaissance d'ATD-Quart Monde (2a b) qui cherche à réunir les riches et les pauvres pour détruire la misère (Turcot et Duquesne 1987: 182). Kolette y trouve des volontaires et des alliés (2b) qui l'appuient dans son projet d'écrire son histoire et surtout l'histoire des efforts de sa famille pour lutter contre la misère. Par ce récit, elle (1a b) veut montrer que «ce n'est pas une honte de vivre ou d'avoir vécu dans la misère (3a b), c'est la misère qui est une honte» (Turcot et Duquesne 1987: 197).

Les ouvriers de l'usine «M»

Pour la majorité des travailleurs, le temps de formation dans la famille et à l'école du quartier (1a, 2a) n'est qu'un temps de latence avant d'être en âge d'avoir la chance d'entrer à l'usine (2b a), d'y apprendre sur le tas tous les rudiments du «métier» (1a), puis de travailler là où sont les «rush» ou d'occuper par chance un poste de responsabilité (1b). Bref, travailler à l'usine très tôt est l'espoir de s'élever à un niveau de vie que les parents ne peuvent pas donner. Par la suite, leur vie s'articule autour de l'histoire de l'usine (3a b) qui organise des loisirs et des fêtes dans un parc à son nom, dans des ligues sportives encore à son nom et dans un journal, toujours à son nom (2a b), où sont soulignés les mariages, les naissances et les décès, les mérites, les prix et l'accroissement de la productivité par des machines de plus en plus performantes. Bref, des changements continuels se produisent qui sont présentés comme des progrès (3a) qui ne font qu'améliorer les conditions de travail et de vie des travailleurs. Par exemple, plusieurs de ceux-ci quittent ce quartier de misère pour s'acheter une maison, une automobile, une roulotte, se payer des voyages, un manteau de fourrure, gâter les enfants, etc., parce qu'ils ont su profiter du boom économique des années 1950-1960.

Le je-personne et le moi-individu

À la question de comment se constitue et s'articule le je-personne au moi-individu, il faut, d'entrée de jeu, noter que dans ces trois exemples, tous parcourent un même processus qui va du monde à autrui et à soi. Par contre, la séquence de ce parcours, pour J. B. Robichaud, n'est pas la même que celle de Kolette et des ouvriers de l'usine «M». M. Robichaud commence sa vie par une formation-recherche de soi (F-P) qui correspond plus ou moins aux sens transmis par sa famille et par ses origines acadiennes; aussi la forme initiale de sa pratique professionnelle (P), d'abord dans sa province d'origine, puis en Tunisie, est déjà un sens en rapport avec soi et avec autrui. Les deux moments de crise du moi-individu acteur donnent lieu à des actes de formation-recherche, de nouveaux rapports avec autrui, le monde et notamment avec soi, lesquels mènent à une nouvelle forme de pratique en rapport de plus en plus étroit avec ses origines (autrui), ses aspirations (soi) et son expérience professionnelle (monde).

La séquence du parcours de Kolette n'est pas la même. Jusqu'à 18-20 ans, son soi-moi s'identifie au milieu de la misère qui l'exclut des autres. N'ayant ni le droit ni la possibilité de ressembler aux autres, elle est confinée à une pratique individuelle et collective de soumission où domine la honte qu'il faut, d'autre part, cacher par crainte d'être humiliée et méprisée. Cette répression ne peut que fatalement conduire à la dépression (de soi). Mais cette première crise l'amène, avec l'aide d'amis, à faire son apprentissage d'assistée sociale (nouvelle actrice), puis, à transformer petit à petit sa socialisation primaire et à «attraper le même train que les autres» (Turcot et Duquesne 1987: 188) malgré tout le retard du passé; enfin, grâce à ATD-Quart Monde, elle parvient à s'exprimer en son nom et au nom de tous les autres. Bref, même si elle reste une pauvre, cette formation-recherche de soi a pour conséquence de modifier ses rapports à la fois avec elle-même, avec le monde et avec autrui.

Il en va de même des ouvriers de l'usine «M» qui, très jeunes, se sont jetés passivement dans l'usine pour pouvoir se sortir de conditions de vie misérables. Le sens de leur vie vient d'autrui et du monde. Ils sont une bonne illustration d'une autoconstitution d'un produit de la société défini par ce qu'ils ont, ce qu'ils font et ce qu'ils sont. Ainsi, à la différence de Kolette chez qui le «je de la dignité» se différencie de son «moi de pauvre», ces travailleurs ne saisissent et ne pensent leur personne qu'à travers l'entité concrète de leur moi. Mais il est possible d'imaginer que ce qui était destin, fatalité ou obligation devienne réalisation et accomplissement de soi, quand le moi produit se fait je producteur de nouveaux rapports avec soi, le monde et autrui.

Conclusion

Au plan du vécu, cette analyse montre qu'il peut arriver que le je-personne s'identifie au moi-individu et que, ce faisant, l'auteur s'identifie à l'acteur dans son être, son faire et son avoir. Le vécu des ouvriers de l'usine «M», de même que celui de Colette dans la première partie de sa vie, correspondent à cette éventualité.

Par ailleurs cette analyse montre aussi que le je-personne peut prendre ses distances vis-à-vis de son moi-individu et se projeter comme invention jamais achevée de son soi en rapport avec d'autres dans un monde qui est sa terre d'accueil. Jean-Bernard Robichaud, tout comme Kolette dans la deuxième partie de sa vie, illustrent cette mise à distance. Dans les deux cas, ces personnes font des expériences de remise question de leur vie et donc de formation-recherche qui donnent lieu à de nouveaux rapports avec eux-mêmes, le monde et la société.

Ces exemples montrent que la formation-recherche doit, dans tout parcours de vie, demeurer une préoccupation constante et continue. En outre, ils font voir la nécessité dont parle Taylor d'un espace public dans lequel des interlocuteurs peuvent partager sur le sens toujours à créer. Au terme de cette réflexion, il semble bien que, si l'espace public dont parle Taylor peut prendre la forme d'une université, d'un organisme mettant en présence des alliés dans une recherche commune, etc., il peut aussi prendre la forme du récit de son histoire de vie. En effet, en tant que lieu possible d'une parole créatrice de sens, il pourrait constituer une des pistes qui, en formation-recherche, permettent la mise à distance nécessaire pour mettre en sens le parcours fort complexe du soi dans sa quête qui le dépasse.

En effet, le passage du vécu, qui est un pouvoir-savoir-vivre pratique, au récit de ce vécu, n'est pas le passage de l'ignorance au savoir, de l'inconnu au connu, mais bien le passage du comprendre au connaître. À quelles conditions le récit de son histoire de vie donne-t-il lieu à ce savoir produit par soi-même qui en serait l'auteur? La réflexion est loin d'être achevée; puissent les bases ici posées la porter loin et longtemps.

Bibliographie

BRUN, P. (1997). *Connaissance émancipatoire et histoire de vie en collectivité*. Thèse de doctorat en Sciences humaines. Tours: Université François Rabelais.

DESMARAIS, D. et C. MERCIER (1991). «L'institution au service du social; défi impossible. Entrevue avec Jean-Bernard Robichaud». *Nouvelles Pratiques Sociales* IV(2): 13-30.

FINGER, M. (1988). «L'Approche biographique face aux sciences sociales. Le problème du sujet dans la recherche sociale». *Revue européenne des Sciences sociales,* 27(83): 217-246.

FINGER, M. (1989). *Apprendre une issue*. Lausanne: Loisirs et Pédagogies.

FINGER, M. (1996). «Illusions et désillusions de l'approche biographique en éducation des adultes». *In Pratiques des Histoires de vie*. Paris/Montréal: Éd. D. DesMarais/J.M. Pilon/L'Harmattan: 25-42.

Foucault, M. (1994). *Dits et Écrits*. Paris: Gallimard.
Josso, Ch. (1991). *Cheminer vers soi*. Lausanne: Éd. L'Âge d'homme.
Mauss, M. (1983). «Une catégorie de l'esprit humain: la notion de personne, celle de moi». *Sociologie et Anthropologie*. Paris: Presses universitaires de France.
Pineau, G. (1995a). «Produire sa vie». *Éducation*, février-mars.
Pineau, G. (1995b). «Rendre heuristique les tensions de la triade PFR: trois moyens». *Cahiers de la recherche en éducation* 2(1): 185-201.
Pineau, G. (1996). «Les histoires de vie comme art formateur de l'existence». *Pratiques de Formation* 31: 65-80.
Pineau, G. et J.-L. Le Grand (1993). *Les Histoires de vie*. Paris: Presses universitaires de France.
Sartre, J.-P. (1960). *Critique de la raison dialectique*. Paris: NRF.
Taylor, Ch. (1985). «The Person». *In* M. Carrithers, S. Collins et S. Lukes (éds). *The Category of the Person*. Cambridge: University Press: 257-281.
Turcot, K. et L. Duquesne (1987). *Entretiens de Kolette Turcot avec Lucien Duquesne: Kolette*. Montréal: Éd. Science et Service Quart Monde.

Collection Vivre et L'Ecrire

Déjà parus

Ecrits de jeunes
100 lettres d'adolescents
Reste encore un peu, j'ai pas fini de grandir
Le stylo sauvage
J'en ai marre de me retenir
J'aimerais bien aider le monde
Le livre de mes pensées secrètes
Ici j'ai tout : la maison, le travail et l'école
Les visages infinis

Ecrits d'adultes
Saisons adultes
Merci pour le timbre
L'encrier des espérances
Sous les pierres mon cœur
Donnez-moi donc de vos nouvelles
Vivre et l'Ecrire
J'en ai croisé bien des chemins

Ecrits de retraités
Ecrire pour ne pas perdre la main
Grattez l'écorce
Des Bas Buissons aux Eaux Vives

Vivre et l'Ecrire Limours
Que reste-t-il quand il ne reste rien ?
Eh ! Ca va pas ?
Le petit carnet

Vivre et l'Ecrire en Bretagne
Ça bouillonne dans ma tête